Andrea Latritsch-Karlbauer

HALTUNG
fertig
los

WIESER

Andrea Latritsch-Karlbauer

HALTUNG
fertig
los

Andrea Latritsch-Karlbauer

HALTUNG
fertig
los

Mit Illustrationen von Gregor Kari

Die Herausgabe dieses Buches erfolgte
mit freundlicher Unterstützung von:
Villa Althera
BFI Kärnten
Stadt Villach
Land Kärnten

Wieser Verlag
A-9020 Klagenfurt/Celovec, Ebentaler Straße 34b
Telefon: +43(0)463 37036 Fax: +43(0)463 37635
office@wieser-verlag
www.wieser-verlag.com

Der Verlag dankt den Inhabern der Rechte für die Genehmigung zum Abdruck der Texte. Für einige Texte waren die Inhaber der Rechte leider nicht zu ermitteln; Rechteinhaber dieser Texte werden gebeten, sich an den Verlag zu wenden.

Die Titel wurden zum Teil von den Herausgebern gewählt.
1.Auflage Oktober 2009
2.Auflage Dezember 2009

Grafik, Layout, Fotos: Reinhard Latritsch
Redaktion: Maja Schlatte

ISBN-13 978-3-85129-849-9

INHALT

WAS HABEN SIE DENN DA IN DER HAND?

AnLaKa. Sie wissen nicht, was das ist? Nun, auf keinen Fall ist es irgendein neu entdeckter indigener Stamm, weder im Süden noch im Norden dieser Weltkugel. Es ist auch keine wiederentdeckte alte Massagemethode von den Pazifikinseln. Es ist kein Gewürz. Und kein esoterischer Cercle. AnLaKa ist ein Produkt aus Kärnten.

Ach, Sie dachten, Sie kennen schon alle heimischen Markenprodukte? Nun, es ist nichts zum Schlucken, Einnehmen, Essen oder Einschmieren ... Das leicht verunsicherte Gefühl, Sie hätten da bisher was versäumt, können Sie getrost wieder in die Ecke schicken. Das Produkt ist neu. Und kommt mit diesem Buch »auf den Markt«. Na, auch wieder nicht ganz richtig.

Auf dem Markt war es schon lange, mehr als 15 Jahre – für viele Menschen, die in Seminaren oder im Einzeltraining mit Autorin Andrea Latritsch-Karlbauer nach konkreten Lösungen für mehr Wohlbefinden im Leben suchten. Über den Humor, über kleine, aber effiziente Übungen, denen eine Körperhaltungsanalyse vorangegangen war. Sie konnten diese Übungen ganz einfach, ohne großen Aufwand, in ihr tägliches Leben integrieren – und es regnete Dankesschreiben, Anerkennung und Erstaunen darüber, um wie viel einfacher Manches wurde.

Was war passiert? Die Menschen bekamen ihre persönliche, maßgeschneiderte Dosis AnLaKa, bevor »das Ding« überhaupt so hieß. Und dieses »Ding« ist eine Methode, die sich aus vielen Elementen anderer Entspannungsmethoden zusammensetzt, eine Symbiose daraus bildet. Die »Rezeptur« für die Mischung fand Andrea Latritsch-Karlbauer, ganz am Beginn noch zusammen mit ihrer Theater Nanu - Partnerin Sabine Dittl, auf der Suche nach mehr eigenem Wohlbefinden. Zu den verschiedenen Entspannungstechniken, die Schauspieler nützen, kam die Beobachtung von Menschen hinzu, die über ihren Gang und ihre Haltung eine beredte Sprache sprechen, meistens ohne zu wissen, was sie den anderen Menschen damit sagen. Entscheidend für Seminarteilnehmer, für Andrea Latritsch-Karlbauers Methodenfindung und für den Erfolg dieser Methode aber ist, dass sie nichts »verkaufen«, oder »anlernen« will, sondern den großen Schatz der eigenen Persönlichkeit des Menschen, ganz individuell und echt, zum Leuchten bringen will.

Lange hat sie nach einem Namen für ihre Methode gesucht, denn die Frage aller, die auf der Suche nach einem Schatz fündig geworden sind, ist ja immer wieder auch eine in Zweifel ziehende, abklopfende: Ist das eine Methode? Ist das meine Methode? Und was macht sie zu meiner Methode? Nur sehr von sich überzeugte Selbstdarsteller stellen eine solche Frage nie. Alle kreativen Menschen, vom Komponisten bis zum Autor, kennen diese Zweifel gut, sie gehören zur ehrlichen Arbeit. Und so kam es, dass Andrea längst an ihrem Buch arbeitete, als endlich AnLaKa auf die Welt kam. Und das Methodenkind jetzt einen Namen hat. Die Anfangsbuchstaben des Namens von Andrea? Vielleicht. Vielleicht aber auch die Wahl ihrer »Werkzeuge« in der Seminararbeit »Analyse – Lachen – Karikatur«. Eine umsichtige Karikatur wohlgemerkt, mit der sie, in fremde Körperhaltungen schlüpfend, den Menschen liebevoll den Spiegel vorhält, ohne zu werten – einzig mit dem Ziel, die Art der Verspannung fassbar zu machen, um sie dann loswerden zu können. Um dies im Buch deutlicher machen zu können, hat sie gemeinsam mit dem jungen Illustrator Gregor Kari den Helden »GreGo« kreiert, der typische Haltungen einnimmt und dabei etwas übertreibt, wie es halt nur Comicstars dürfen. Ein wichtiger Begleiter auf dem Weg zum unverkrampften Dasein ...

Mit Methoden kann man etwas bewirken, verändern. Mit AnLaKa auch – indem man die Erinnerung des Körpers daran »weckt«, was er schon als Kind wusste – locker und unverkrampft durchs Leben zu gehen ... Andrea Latritsch-Karlbauer nimmt aber hier auch bewusst das Wort »Haltung« als Programm, mit allen Konnotationen dieses Vokabels. Für Gesinnung, für Contenance bzw. Gelassenheit, für Einstellung, für Körperhaltung. Weil der Mensch eben ein Ganzes ist, die Summe seiner sämtlichen »Bestandteile«, die sich, als erstes Signal bei einem Gegenüber, über die »Haltung« mitteilen ... Statements von SeminarteilnehmerInnen, Nutzern der AnLaKa-Methode und Experten aus mitinvolvierten Fachgebieten (Psychologie, Physiotherapie, Kunst, Wirtschaft, Religion, Sport) reihen sich in das Buch ein.

Es ist kein Buch zum Lesen allein. Es ist ein Detektor, ein Suchgerät, das Ihnen hilft, Ihre Leichtigkeit im Leben wiederzufinden. Ein Ratgeber, ein Nachschlagwerk, ein herrliches Buffet an köstlichen Kleinigkeiten, die Großes bewirken. Guten Appetit, bedienen Sie sich!

Maja Schlatte, *Journalistin*

AUS DEM NICHTWISSEN HERAUS NIMMST DU HALTUNGEN EIN (Mir träumte ...)

Ob die Bäume hier, rund um das Kloster, älter sind als meine Gedanken zu diesem Buch? Zum ersten Mal in meinem Leben begebe ich mich in Klausur, um das zusammenzufassen, was über Jahrzehnte in Praxis und Theorie zu einer (sehr hilfreichen, wie mir versichert wird) Methode »AnLaKa« gewachsen ist. Schon seit meiner Jugend beobachte ich gerne Menschen. Immer wieder ertappte ich mich dabei, dass ich aus dem Gespräch ausstieg, gedanklich abschweifte, und die Körpersprache meines Gesprächspartners beobachtete. Ein Lieblingsspiel von mir war, die Worte meines Gegenübers im Laufe des Gesprächs wegzublenden und mich nur auf Mimik, Gestik und Körpersprache zu konzentrieren. Die Geschichte, die mir nun erzählt wurde, war meistens viel interessanter und hatte einen anderen Inhalt als die Geschichte der Worte. Das war überraschend und gleichzeitig verwirrte es mich. Ich stellte fest, dass das gesprochene Wort mit der Körpersprache oft nicht übereinstimmte und das nahm mir die Konzentration.

Missverhältnis von Wort und Körpersprache

Um dieses Phänomen besser zu verstehen, machte ich mich auf den Weg, auf eine lange intensive Reise der Feldforschung, der Arbeit und Auseinandersetzung mit tausenden Menschen verschiedensten Alters und vor allem auch mit mir selbst. Und ich bin auf Unglaubliches gestoßen.

Der Körper lügt nie.

Dazu gibt es später noch viel zu sagen.

ALLTAGSGESCHICHTEN UND KÖRPERSACHEN

Alltagsgeschichten haben mich immer schon fasziniert. Die schönsten Erzählungen passieren täglich, direkt vor unseren Augen. Banalitäten, die wie Inszenierungen aussehen, gleichzeitig

aber wie zufällig an uns vorüberhuschen. Die Geschichte mit dem Hundehaufen ... Der Mann an der Bushaltestelle, der selbstvergessen in seinen Hotdog beißt, währenddessen zufällig in den Hundehaufen steigt, und dann seinen Schuh mit unauffälligem Gesichtsausdruck in der Wiese abputzt. Haben Sie sicher schon gesehen? Kennen Sie den Autofahrer, der leidenschaftlich in der Nase bohrt und glaubt, sein Auto ist ein Mikrokosmos, in dem ihn keiner sieht. Oder der Petersilienstängel zwischen den Zähnen meiner Gesprächspartnerin, der die gesamte Unterhaltung dominiert und alles Gesagte als lächerlich in den Hintergrund treten lässt. Das ist der Stoff aus dem täglichen Leben, der uns erheitert und den Alltag bereichert. Wenn ich will, habe ich den ganzen Tag kostenlose Unterhaltung, die vollkommen authentisch ist und meist dann eine besondere Qualität aufweist, wenn der Mensch mit sich selbst beschäftigt ist und sich unbeobachtet fühlt. Da sehe ich Leidenschaft, Intensität, unüberlegte Handlungen und sehr viel Spontaneität. Das ist so menschlich. Doch ab dem Moment, wo sich jemand ertappt fühlt, ist alles anders. Da herrscht Vernunft und die Verspannung führt Regie (S. 46, Gesellschaft der Richtigmacher).

Das ist kein Körpersprachebuch – keine Bewertungen. Dieses Buch ist kein Bewertungssystem zum Thema »Körperhaltung«, wie man es aus anderen Veröffentlichungen kennt. Dieses Buch ist auch kein Körpersprachebuch im Stile von »wohin zeigt meine Schulter im Gespräch«, »sind meine Arme und Beine überkreuzt«, oder »darf ich meine Arme über oder unter der Gürtellinie halten«, sondern eine liebevolle und humorvolle Betrachtung über uns Menschen, unsere Reaktionen auf den Druck der Leistungsgesellschaft und die daraus resultierenden Fehlhaltungen, die wir ja so lieb gewonnen haben. Um das Ganze nicht so furchtbar ernst werden zu lassen, habe ich die »Hitparade der Alltagshaltungen« kreiert. Kennen Sie den unterkörperträgen Ärmeltaucher? Vielleicht finden Sie sich ja auch selbst in der einen oder anderen Beschreibung und müssen instinktiv lachen? Das ist schon der erste Schritt, um Verspannungen und Fehlhaltungen loszuwerden.

»Humor ist die Medizin, die am wenigsten kostet und am leichtesten einzunehmen ist.« (Giovanni Guareschi, ital. Schriftsteller [1])

Da ich jedoch lange ein Paradebeispiel für Verspannungen und deren einschränkenden Auswirkungen war, möchte ich betonen, dass all meine Erkenntnisse in diesem Buch aus der langen Suche nach meiner eigenen Leichtigkeit und Authentizität entsprungen sind. Auch ich bin nicht vom Himmel gefallen. Meine eigene Unsicherheit im täglichen Leben und als Schauspielerin in jungen Jahren und die daraus resultierende Suche nach Leichtigkeit, Wohlbefinden und Authentizität sowie die Seminartätigkeit mit tausenden Menschen bilden die Basis für dieses Buch, das ein humorvoller Ratgeber zum Thema Haltung und Authentizität sein soll. Sie werden auch viele einfache Übungen finden, die eine große Wirkung haben, Sie locker machen und stressentlastend sind. Ich werde Ihnen auch einiges über die Wechselwirkung zwischen Körper und Psyche erzählen.

Denn das ist die große Chance, die sich bietet.

Nutzen Sie Ihren Körper als Werkzeug, als Ressource und Sie werden sehen. Ihr Körper erinnert sich!

Und keine Angst, es ist gar nicht so schwer, sich selbst wiederzufinden und eine eigene Haltung zu sich und seiner Umwelt zu entwickeln. Ab dem Moment, wo sie wieder lernen, spielerisch, staunend und lachend durch die Welt zu gehen, lösen sich viele Fehlhaltungen von selbst und Sie nähern sich ihrer Mitte. Und dann sind Sie authentisch, was nichts anderes bedeutet als – echt! Ein Moment der Befreiung!

Aus dem Nichtwissen heraus nimmst Du Haltungen ein. Aus dem Wissen? Haltung!

In diesem Sinne viel Spaß beim Lesen!

Andrea Latritsch-Karlbauer

ZWISCHEN ANSPANNUNG UND ENTSPANNUNG

Einatmen-ausatmen-Pause-einatmen-ausatmen-Pause
Ebbe-Flut-Pause-Ebbe-Flut-Pause
Einatmen-ausatmen-Pause-einatmen-ausatmen-Pause
Tag-Nacht-Pause-(Dämmerung)-Tag-Nacht-Pause

Bereits zu Zeiten, wo der Alltag noch gemächlicher aussah und sich der Mensch mit weniger äußerlichen Reizen konfrontiert sah, gab es Überforderung und Stress. Jedoch war dies ein kurzer Zustand, war gesund und löste sich sehr schnell auf. Heutzutage sind wir einer dauernden, massiven Reizüberflutung, einerseits durch hohe berufliche Anforderungen, andrerseits durch digitale und mediale Dauerberieselung und durch Freizeitstress, den wir uns selbst aufoktroyieren, ausgesetzt. Wir sind immer im »Tun«, sind beschäftigt, zeigen es nach außen durch permanente Erreichbarkeit über Mobilfunk, E-mail, Chat ... und betonen unseren Fleiß, indem wir den Atem anhalten, uns körperlich anspannen, uns den Schweiß von der Stirn tupfen und schmallippig betonen, dass wir keine Zeit haben. Und so strapazieren wir die Anspannung bis ins Unermessliche und nehmen uns die Möglichkeit, entspannt auszuatmen. Aber wie sollen wir uns entspannen, wenn wir die permanente Anforderung, die wir eh nicht erfüllen können, in uns bunkern? Was ist die Konsequenz, wenn der natürliche Rhythmus von Anspannung und Entspannung dauerhaft unterbunden und gestört wird?
Obwohl wir von der Natur die Atmung, den Herzschlag, den Rhythmus der Gezeiten, den Wechsel von Tag und Nacht als Richtlinien zur Verfügung haben, ist uns das Gespür für Rhythmus, Atmung und die Bedürfnisse unseres Körpers abhanden gekommen. Immer mehr – immer besser – nie genug. Wir konzentrieren uns auf die Einatmung, dass wir ja genug Luft haben, um unser Leben zu bewältigen, und gleichzeitig vergessen wir auf die Ausatmung. Wie sich das körperlich und seelisch äußert, kann man tagtäglich in den Körper- und Sprachbildern der Menschen sehen.

Körperbilder:
hochgeatmeter Brustkorb, hochgezogene Schultern, eingezogener Kopf, unbewegliche Hüfte, piepsige oder gepresste Stimmen, beschleunigter und abgehackter Sprachrhythmus, mangelnder Bodenkontakt ...

Was sagt uns das?

Wir sind in der Einatmung stecken geblieben. Und irgendwann haben wir den Überdruck und die Überspannung in uns, die uns nicht mehr schlafen lassen, uns den Boden nehmen und unser Lachen vergessen lassen. Und was dann kommt, kann man ja täglich sehen und in den Zeitungen lesen: Depressionen, Burnouts, Wirbelsäulenprobleme, starrer Nacken und weitere psychosomatische Auswirkungen. Dabei haben Sie alles in der Hand, um genau diese Situation zu vermeiden. Sie haben einen Körper, den Atem, die Beweglichkeit, das Metronom (das Herz) in sich, um sich zu orientieren. Und Sie haben die Gabe, sich zu beobachten. Warum tun Sie's nicht?

Tipp:

Halten Sie inne! Wo spüren Sie Ihre Atmung im Moment?
Wo im Körper spüren Sie eine Spannung? (siehe S. 47)
Lassen Sie sich fallen! Das ist der erste Schritt in Richtung Entspannung und Leichtigkeit!

Übung:

Lippenflattern wie ein Pferd, »bbbbbbb« und Schulterlockerung (siehe S. 34), Kopf hängt Richtung Boden, der Nacken ist locker und entspannt, Gesicht hängt locker. Wirbel für Wirbel aufrollen und erden.

Wirkung: So wird Ihre Körperhaltung neutralisiert.

Übung:

Stellen Sie sich entspannt mit den Füßen in Hüftbreite und entspannten Knien hin und lassen Sie Ihre Arme hängen. Zählen Sie bis 3 und spannen dann den ganzen Körper einschließlich Gesicht aufs Äußerste an und halten Sie diese Spannung für 10 Sekunden an, halten Sie auch den Atem an. Dann lassen Sie mit der Ausatmung los und spüren Sie nach. Wiederholen Sie diese Übung mehrmals.
Wirkung: Über die extreme Anspannung hat der Körper die Gelegenheit, chronische Verspannungen loszulassen.

Tipps zum Loslassen:

Wenn Sie sich blockiert fühlen und nicht mehr denken können, unterbrechen Sie Ihren Rhythmus.

Halten Sie inne!

Stehen Sie auf, lockern Sie sich, indem Sie Ihre Lippen flattern lassen und dann gehen Sie eine Runde ganz langsam spazieren, gegen den Alltagsrhythmus. Lassen Sie sich bewusst Zeit und gehen Sie wie in Zeitlupe. Lassen Sie die veränderte Wahrnehmung auf sich wirken. Danach gehen Sie ganz schnell und dann in ihrem eigenen Rhythmus. Wechseln Sie mehrmals. So hat der Körper die Gelegenheit, loszulassen und wieder sein eigenes Tempo zu finden. Danach erden Sie sich und setzen Ihre Arbeit fort.
Bedenken Sie, dass Sie in blockiertem Zustand keine zufriedenstellenden Resultate erzielen können, denn ein Stau bewirkt Unkonzentriertheit, erhöht die Nervosität und Fehleranfälligkeit.

Gönnen Sie sich Pausen und erden Sie sich immer wieder. Der Körper kann nie genug davon kriegen, da es ein natürlicher Zustand ist (S. 78, Die Erdung oder die natürliche Mitte).

DER KÖRPER ALS RESSOURCE

Auf der Suche nach Selbstsicherheit war eine meiner Stationen die Konfrontation mit meiner Stimme, die ihren richtigen Sitz nie gefunden hatte. Da mein Sprechorgan in Situationen der Anspannung und Nervosität immer wieder versagte und ich unter einer chronischen Halswirbelsäulenverspannung litt, die sich knapp vor dem Auftritt noch weiter verstärkte, war ich einigermaßen verzweifelt. Ich konnte nur einen kleinen Teil dessen zeigen, was ich in mir spürte. Eine Blockade, die ich mir nicht erklären konnte, machte mir das Leben als Schauspielerin zur Hölle. In den Proben war ich locker, ich improvisierte, entwickelte und hatte großen Spaß. In der Realität, auf der Bühne, sah alles ganz anders aus. Ich konnte meinen Auftritt nicht genießen und war vollkommen blockiert. Bereits vor der Aufführung ging ich hektisch hin und her, betete mir vor, wie nervös ich sei, sagte allen, dass es mir nicht gutgehe, kontinuierlich wie ein Mantra, was die Folge hatte, dass sich meine Unsicherheit bis ins Unendliche steigerte (bis es tatsächlich so unerträglich war, wie ich es mir eingeredet hatte). Und dann ging ich bestens vorbereitet auf die Bühne: Mir wackelte der Kopf, mir fehlte die Konzentration, und so ersetzte ich mein fehlendes Körpergefühl durch hektische Bewegungen, übertriebene Grimassen und ausschweifende Gestik. Ich spürte nichts mehr, nur dass ich neben mir stand und ich mich selbst mit dünner Stimme sprechen hörte. Ich war kopf- und bodenlos. Doch ich gab nicht auf und suchte. Ich bildete mich weiter, besuchte Clownseminare, Improvisationsworkshops, Rhetorikkurse und stieß letztendlich auf einen Experimentalmusiker, der nicht nur auf seiner Posaune virtuos war, sondern auch mit seiner Stimme wahre Kunststücke vollführte. Und das mit einer Leichtigkeit, die seinesgleichen suchte (danke Bertl Mütter).

Leichtigkeit, das war das Zauberwort. Aber, hatte das auch etwas mit Haltung zu tun?

Auf meinem Weg fand ich ein Büchlein mit dem Titel »Körperdynamik« von Michael Gelb, eine Einführung in die Alexander-Technik [2], wo es genau um Leichtigkeit und den richtigen Gebrauch des Körpers ging. Als ich die Geschichte von F. M. Alexander, dem Erfinder der Alexander-Technik, einem Schauspieler und Rezitator (1869–1955) las, hatte ich das Gefühl, mir selbst zu begegnen. Auch Alexander versagte bei seinen Auftritten die Stimme. Nach sämtlichen ärztlichen Untersuchungen, begann er selbst an sich zu forschen und stellte fest, dass er seinen Kopf in Stresssituationen nach hinten abwärts zog und dass genau diese Kopfhaltung schuld am Stimmverlust war. Was F. M. Alexander bestürzte, war, dass er seine Kopfhaltung als richtig empfand und so sein ganzes Bewegungsmuster umlernen musste. Er forschte am verbesserten Gebrauch des Selbst und so entwickelte er im Laufe der Jahrzehnte eine Methode, (die, wie er sagte, eigentlich gar keine ist) über den richtigen Gebrauch des Körpers. Der Körper wird wieder in seiner ursprünglichsten Form aktiviert mit all seiner Beweglichkeit und Leichtigkeit. Diese Denkweise gefiel mir und so besuchte ich mehrere Weiterbildungen in »Alexander-Technik«, wo ich den optimalen Gebrauch des Körpers übte und wieder viele Anhaltspunkte fand, wie wichtig der Körper für das ganzheitliche Wohlbefinden ist.

WECHSELWIRKUNG VON KÖRPER UND PSYCHE …

… das heißt, dass wir unser Inneres nicht nur über kognitives Denken steuern können, sondern dass auch die Körperhaltung die Emotionslage direkt beeinflussen kann (S. 84, Was ist Haltung). All diese Aspekte flossen immer mehr in mein Denken ein und so realisierte ich, dass einerseits die Erdung, der gute Bodenkontakt, und andrerseits die Aufrichtung der Körperhaltung innerlich und äußerlich ein Umdenken in positiver als auch negativer Weise bewirken kann. Klingt ziemlich gut.

Ich nutze den Körper als Ressource und erreiche über die körperliche Aufrichtung einen positiven Seelenzustand.

Meine erste bewusste Erfahrung mit der Wechselwirkung von Körper und Psyche machte ich als Schauspielerin. Wir, meine Kollegin Sabine und ich, erarbeiteten gerade unter der Regie eines brasilianischen Regisseurs ein Stück im Stile der Stummfilmzeit. Wir übten Stummfilmtechniken bis zum Umfallen und hatten große Probleme damit, einen alten Mann zu spielen. Unser Regisseur riet uns, zuerst mal alte Männer zu beobachten und uns für eine bestimmte Haltung zu entscheiden. Nachdem wir uns für einen bestimmten Haltungstypus entschieden hatten, probten wir mit leicht vorgebeugtem Oberkörper vorgestrecktem Kopf, einen Arm am unteren Rücken angelegt und mit dem anderen Arm beschleunigten wir die Bewegung. Als wir über längere Zeit übten, kam uns automatisch der Text, den dieser alte Mensch denken könnte. Über diese Haltung kamen wir in unsere Rolle und auch zum dazupassenden Text. Das war sehr hilfreich und für uns DarstellerInnen die eher am Beginn der Theaterlaufbahn standen, sehr erstaunlich.

Fast 20 Jahre später ist es für mich Alltag, in Haltungen von SeminarteilnehmerInnen zu schlüpfen, ihnen ihre Haltungsmuster zu spiegeln und in leicht überhöhter Form zu zeigen. Fast wie eine Karikatur. Das hat einen weitaus besseren Effekt als eine Videokamera, da diese erfahrungsgemäß immer lähmend auf die TeilnehmerInnen wirkt. An der humorvoll dargestellten Kopie können sie hingegen ganz klar ihre Haltungsmuster erkennen, andrerseits hat es den Effekt, dass sie lachen müssen, über mich und sich selbst. Und das ist der erste Schritt, um Fehlhaltungen loszuwerden.

Im Buch »Embodiment« ist zu lesen, dass der amerikanische Psychologe Paul Ekman beim Erforschen, »wie bestimmte Gesichtsmuskeln den Gesichtsausdruck verändern« eine völlig unerwartete Entdeckung machte. Im Zuge dieser Forschung entdeckte er nicht nur, dass ein menschliches Gesicht mehr als zehntausend verschiedene Gesichtsausdrücke einnehmen kann, sondern die veränderten Gesichtsausdrücke auch unterschiedlichste Emotionen erzeugten. Diese Erkenntnis, die er »Facial feedback« nannte, zeigte die Möglichkeit auf, willentlich und gezielt über die Änderung des Gesichtsausdrucks die Emotionen zu beeinflussen. Durch Rückmeldung über die Gesichtsmuskulatur werden im Gehirn Veränderungen bewirkt, welche die Emotion erzeugen, die zu der aktuellen Mimik passt (Embodiment [3]).

Der Hirnforscher LeDoux schreibt:

»Es ist also vielleicht gar keine so schlechte Idee, ein fröhliches Gesicht aufzusetzen, wenn einem traurig zumute ist.« (Embodiment [3])

Weiters gab es noch eine wissenschaftliche Untersuchung zum Thema »Stolz«. Weisfeld und Beresford (1982) analysierten die Körperhaltung von männlichen Highschool-Absolventen, unmittelbar nachdem diese über ihre Examensnoten informiert worden waren. Diejenigen mit den besten Noten veränderten ihre Körperhaltung, indem sie sich aufrichteten. Diejenigen mit den schlechtesten Noten nahmen eine gebeugtere Haltung ein, und die mit den Noten im mittleren Bereich zeigten keine Veränderung ihrer Körperhaltung (Embodiment [3]).

Psychisches Erleben ist im äußerlich sichtbaren Körpergeschehen zu erkennen, sofern ein Mensch nicht bewusst seine Körpersprache unterdrückt.

Probieren Sie's aus – machen Sie einen Selbsttest

Ich möchte Sie nun auffordern, die Wechselwirkung zwischen Körper und Psyche bewusst an sich zu testen. Die folgende Übung führt in meinen Seminaren immer wieder zu erstaunten Gesichtern und zur momentanen Erkenntnis, dass der Zusammenhang zwischen Innen und Außen ganz schnell zu spüren ist und der Mensch somit ein Handwerkszeug hat, das er bei Bedarf einsetzen kann, um Situationen und Stimmungen sehr schnell auf positive Art und Weise zu verändern. Probieren Sie folgende Übung aus, und lassen Sie sich überraschen!

Übung:

Nehmen Sie bewusst eine Körperhaltung ein, die eine negative Grundstimmung (Pessimismus, Traurigkeit etc.) ausdrückt. Wie könnte diese Haltung aussehen? (z. B. Schultern hängen nach vor, Kopf hängt, Brustkorb eingeknickt, Füße schlurfen, Arme baumeln wie zufällig neben dem Körper, Gesichtsausdruck phlegmatisch). Nun gehen Sie 5 Minuten in dieser Haltung und beobachten Sie, was sich verändert. Schreiben Sie Ihre Gedanken auf. Was könnte auf dem Zettel stehen?

Da ich Sie aber nicht in diesem Zustand belassen möchte, beenden wir diesen Selbstversuch mit einer positiven Grundstimmung. Wie könnte die Haltung dazu aussehen? (Richten Sie sich auf, geben Sie sich einen aktiven Impuls beim Gehen und steuern Sie bewusst ein Ziel an, auf das Sie zugehen). Beobachten Sie, wie sich Ihre Stimmung verändert und schreiben Sie Ihre Gedanken auf. Was steht nun auf dem Zettel?

Anhand dieser kleinen Übungen können Sie schon ein klein wenig erahnen, worum es in diesem Buch geht. Durch die Selbsterfahrung, die Weiterbildungen, die Beobachtung und vor allem die Arbeit mit tausenden SeminarteilnehmerInnen aller Altersgruppen vom Kind bis zum Menschen im hohen Alter haben mir eines gezeigt: Wir haben einen großen Schatz! Wir haben unseren Körper und den Humor als Ressource. Und das birgt ein großes Potenzial in sich.

Nutzen Sie Ihren Körper, lernen Sie die Leichtigkeit, unterbrechen Sie die Routine und lachen Sie!

Wenn wir die vollaufgerichtete Haltung aufgeben, so verzichten wir auf die Möglichkeit, unser Gesamtpotenzial auszuleben.

familienfoto

der vater hält sich gerade
die mutter hält sich gerade
der sohn hält sich gerade
der sohn hält sich gerade
der sohn hält sich gerade
der sohn hält sich gerade
der sohn hält sich gerade
die tochter hält sich gerade
die tochter hält sich gerade

ernst jandl [4] *(1925–2000)*

es wird wohl 1992 beim *musikforum* in viktring, kärnten, gewesen sein, dass wir uns getroffen haben, und es war mein allererster workshop, um einen selbstverständlichen, improvisatorischen umgang mit der stimme ist es gegangen, damals (ich steckte mitten in jugendlicher selbstentdeckungseuphorie) auch recht körperbewusst: *steh gut auf beiden beinen, durchlässig, gelenk über gelenk über gelenk, einatmen, ausatmen, aaaah*. keine approbierten übungen aus feldenkrais, yoga oder alexander-technik, da ich ja in diesen bereichen bestenfalls angelesene kenntnisse hatte, eher ein intuitiver zugang, basierend auf selbsterfahrenem, alles in allem letztlich inkompetent und kurpfuscherisch, weiß ich heute. aber es ist nichts schlimmes passiert, ganz daneben können wir also nicht gelegen sein. und, welch wunder, jahre später darf ich erfahren, dass unsere damaligen begegnungen (und die weiteren impuls-workshops, für die mich das theater *nanu* engagierte) fruchtbare effekte zeitigen konnten, von denen ich nicht zu träumen wagen durfte. nämlich, dass der glückliche umstand eingetreten ist, dass durch unsere gemeinsame arbeit einem menschen (hier: andrea) tore sich aufgetan haben, sich räume eröffneten, ein anfangsimpuls gesetzt wurde.
was für eine freude. und muss ich aber gleich sagen, dass das ganz sicher nicht an meinen sehr lückenhaften erkenntnissen liegen kann, sondern sich ausschließlich einer glücklichen konstellation (zeit, ort, menschen, kommunikation, unbedingtheit) verdankt, und hätte ich die tragweite für andrea damals begriffen, ich wäre wohl befangen gewesen, wodurch sich eben keine derartigen impulse, bestätigungen, aufbrüche ergeben hätten können.

was soll ich nun zur *haltung* sagen? ich weiß es nicht. wichtig ist, deinen weg zu erkennen (das passiert in der regel *zumindest* unbewusst) und ihm zu folgen, auf ein dynamisches ziel zu (keine angst, du erreichst es nicht!), gleichwohl flexibel zu bleiben (was nicht bedeutet rückgratlos!), auf die schöpferische kraft deines denkens und handelns zu vertrauen (das ist ein aktivum, keine spiritisterei!), dann geht alles von selber. haha. eben. eben nicht. nicht von selber. weil aktiv, vorwärts, aufwärts.

bertl mütter, posaune, komposition, text, stimme

MISSVERSTÄNDNISSE ZU HALTUNG UND KÖRPERSPRACHE

Ich möchte gleich vorausschicken, dass Sie von mir zum Thema Körpersprache nicht unbedingt das erfahren werden, was Sie sich im ersten Moment erhoffen oder was Sie gewohnt sind, zu hören. Die Analyse und Bedeutung von Mimik und Gestik und Körpersprache wurde oft genug in diversen Publikationen bedient. Ich habe deshalb auch bewusst bei der Wahl des Buchtitels den Begriff »Körpersprache« weggelassen, denn jeder Mensch hat sofort ein Bild dazu, das meist sehr bewertend ist. Da wir ohnehin sehr streng mit uns selbst umgehen, und auch im täglichen Leben einer kollektiven Bewertung unterworfen sind, werde ich diese Erwartungen nicht erfüllen und hoffe, dass Sie mir deshalb nicht böse sind. Ich nähere mich dem Thema »Haltung und Körpersprache« aus einem anderen Blickwinkel und zwar aus der humorvollen, liebevollen Betrachtung von uns Menschen mit all unseren Fehlern, die uns mitunter sehr liebenswert machen. Ich zeige Ihnen anhand von erlebten Situationen aus meiner eigenen Erfahrung als auch anhand realer Beispiele aus meinen Seminaren Menschengeschichten und bildhafte Vergleiche, in denen Sie sich wiederfinden werden. Und ich nehme mich nicht aus dabei. Da ich Schauspielerin und Regisseurin bin und sehr oft im Leben an meine eigenen Grenzen stoße, sind mir Peinlichkeiten, Pannen und Scheitern nicht erspart geblieben. Aber das ist genau der Punkt, an dem ich ansetze. Nach einer langen mühsamen Suche nach Leichtigkeit und Authentizität musste ich realisieren, dass alle Versuche, meine Ziele zu erreichen, auch ohne Anstrengung und Schweißperlen möglich gewesen wären. Gestehen wir uns doch ein: Wir sind nicht perfekt und werden es nie sein. Und ich bin froh darüber. Genau das Fehlerhafte macht uns Menschen liebenswert. Ab dem Moment, wo wir uns aus dem Leistungsgedanken der Perfektion nehmen, haben wir eine Chance, wieder locker zu werden, Leichtigkeit zu erfahren, zu lachen und unsere Kreativität zu leben, auch auf die Gefahr hin, zu scheitern. Ist doch spannend, oder? In Studien wurde über das kreative Verhalten von Menschen geforscht. Warum leben so wenige Menschen ihre Kreativität, obwohl sie genügend zur

Verfügung hätten? Es hat mit Angst zu tun. Die Angst ist die Rückseite der Kreativität und ist mit Scheitern verbunden. Und Scheitern wird sanktioniert. Erfolg ist zum Kriterium geworden. Aber wie soll man Erfolg haben, wenn man keine Fehler macht? Und schon sind wir wieder beim bereits erwähnten Thema (S. 46, Gesellschaft der Richtigmacher).

Aus dem Seminaralltag

Wenn Interessierte meine Seminare besuchen, erwarten sie mit ängstlicher, aber gleichzeitig neugierig angespannter Haltung eine genaue Erklärung von mir, wie ihre Körpersprache ist. Sie wollen wissen, was ihre Haltung bedeutet und erwarten Erfolgsrezepte, wie sie ihren Gesprächspartnern, Vorgesetzten, Ehepartnern oder Kindern gegenübertreten sollen, kurz gesagt eine Gebrauchsanleitung für die optimale Körpersprache. So wie sie es gelesen oder gehört haben. Aber ich muss sie enttäuschen und sie darauf aufmerksam machen, dass sie ab dem Moment, wo sie Körpersprache erlernen wollen, ihre Individualität verlieren. Es gibt keine gute oder schlechte Körpersprache. Es gibt nur Anspannung und Entspannung. Ich erzähle Ihnen Geschichten von uns Menschen mit all unseren Erwartungen, Ängsten, Vorurteilen und Verspannungen. Vielleicht müssen Sie schmunzeln oder lachen, weil Sie sich wiederfinden? Wunderbar! Aber keine Angst. Sie bekommen etwas anderes. Leichtigkeit! Ich biete Ihnen einfache Übungen an, die Sie locker in den Alltag einbauen können und somit Ihrer Leichtigkeit und Authentizität näher kommen.

KANN MAN KÖRPERSPRACHE LERNEN?

Ich sage nein! Wie's der Zufall so will, war ich kürzlich bei einem Vortrag, wo ein junger Unternehmer erzählte, dass er sehr bemüht ist, die richtige Körpersprache zu lernen, um bei Verhandlungen gut anzukommen. Er bemühte sich, Klischees über »gute« Körpersprache zu bedienen und bewegte sich ungeschickt, war blockiert bis in seine letzte Faser und seine Ausdrucksweise war unnatürlich und entsprach sichtlich nicht seiner Persönlichkeit. Das sind Auswirkungen von Körpersprachemeisheiten, die in unzähligen Publikationen gepredigt werden und nur dazu führen, dass sich die Praktizierenden immer mehr verkrampfen, weil sie jede Haltung an sich und anderen in ein Bewertungsschema bringen und das wiederum deshalb, um nur ja nichts falsch zu machen (S. 46, Gesellschaft der Richtigmacher). Jeder Mensch hat aufgrund seiner Persönlichkeit und Lebenserfahrungen eine individuelle Körpersprache. Die können Sie nicht lernen. Aber Sie können Ihre natürliche Haltung wiedererlangen. Aber nicht aufgrund von Bewertungen wie richtig und falsch, sondern aufgrund von »Loslassen und Nichtwollen«. Das ist ein Weg, der uns auf entspannte Weise unserer eigenen, gesunden Haltung näherbringt. Die ist dann echt und entspricht unserer Persönlichkeit. Loslassen! Das berühmte Zauberwort, das uns in allen Mentaltechniken vermittelt wird und uns doch so schwer erscheint. Versuchen Sie, Ihre Gedanken loszulassen, wenn sie uns Tag und Nacht torpedieren. Versuchen Sie, an nichts zu denken, wenn tausend Gedanken durch Ihren Kopf schießen. Doch ich möchte Ihnen Mut machen. Lassen Sie los! Über den Körper, das geht viel leichter und schneller. Erinnern Sie Ihren Körper an seinen Urzustand. Arbeiten Sie an Ihrer Lockerheit, das ist der Weg zur optimalen Haltung und dann wird sich Ihre individuelle Körpersprache zeigen. Wie das geht, erfahren Sie im Kapitel »Die Erdung oder die natürliche Mitte« (S. 76). Finger weg von manipulativen Körpermethoden!

Je lockerer Sie sind, umso natürlicher ist Ihre Körpersprache. Je verspannter Sie sind, desto eingeschränkter ist Ihre Körpersprache.

KANN MAN KÖRPERSPRACHE WEGTRAINIEREN?

Leidlich! Davon ist dringendst abzuraten, da damit ein großer Teil Ihrer Persönlichkeit unterdrückt wird und Sie nur mehr ein leeres Blatt Papier darstellen, ohne Konturen. Es gibt diverse Praktiken, wo Menschen angeraten wird, ihre Körpersprache nicht zu zeigen, da sie zu viel von ihrer Persönlichkeit verrät und das ist im öffentlichen Leben, im Managementbereich und in der Politik kontraproduktiv. Glaubt man! Die Auswirkungen davon sind tagtäglich zu spüren. Uns werden halbherzige Botschaften ohne Inhalte vermittelt, deren Auswirkungen gerade in Zeiten der Krise massiv zu spüren sind. Seifenblasen, die zerplatzen und nichts als hohle Phrasen übrig lassen. Wenn man dem Menschen seine Körpersprache nimmt, bleibt nichts mehr übrig.

Bei Politikern, die sehr manipulativ trainiert werden, ist eine eingeschränkte und einheitliche Körpersprache festzustellen. Der Ausdruck ist reduziert, die Mimik künstlich und verbissen, damit man nicht hinter die Kulissen blicken kann. Wenn man jedoch genauer hinsieht, sieht man auch so genug. Ein Politiker, der mit zusammengebissenen Zähnen und verkrampftem Lächeln seine Konzepte erklärt und selbst nicht dran glaubt. Oder mit durchgedrückten Knien dasteht und permanent seiner Rede entfliehen will, indem er mit den Fersen den Boden in Richtung Decke verlässt und somit aus dem Blickwinkel der Fernsehkamera verschwindet. Haben Sie sicher schon gesehen. Wir glauben nicht mehr, was uns gepredigt wird. »Zähne zusammenbeißen und durch«. Bitte vergessen Sie dieses Sprichwort! Machen Sie das Gegenteil! Lockern Sie Ihr Kiefer, flattern Sie mit den Lippen und gehen Sie entspannt auf Ihr Ziel zu ... und atmen Sie!

Ein Antrainieren der »Erfolgs-Körpersprache« ist oft nur ein Wegtrainieren der eigenen Leuchtkraft.

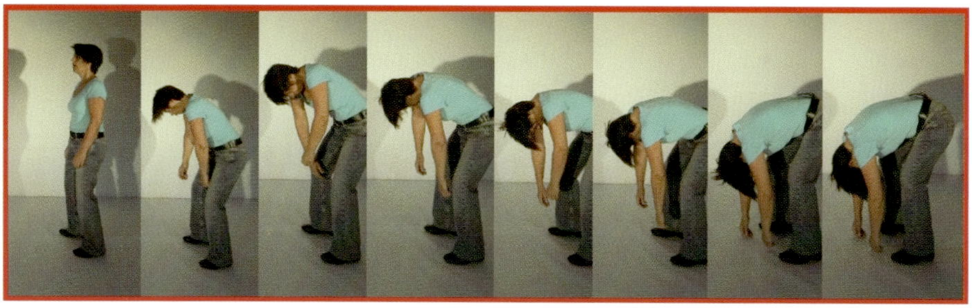

Übung zum Loslassen:

Stellen Sie sich mit den Füßen in Hüftbreite hin, flattern Sie mit den Lippen wie ein Pferd, entspannen Sie Ihr Gesicht, indem Sie einmal ausgiebigst die Zunge rausstrecken, lockern Sie Ihre Schultern und lassen Sie sich, von der Hüfte ausgehend mit dem Oberkörper Wirbel für Wirbel Richtung Boden fallen. Lassen Sie den Oberkörper nach unten hängen, lassen Sie Ihren Kopf und das Gesicht hängen und bleiben Sie ca. 30 Sekunden in dieser Position. Dann richten Sie sich langsam, Wirbel für Wirbel auf und bleiben in entspannter Haltung stehen. Ihr Kiefer und Ihr Gesicht sind ganz entspannt. Wiederholen Sie diese Übung täglich mehrmals! Sie werden sehen, wie sich dieser entspannte Zustand auf Ihr Inneres überträgt.

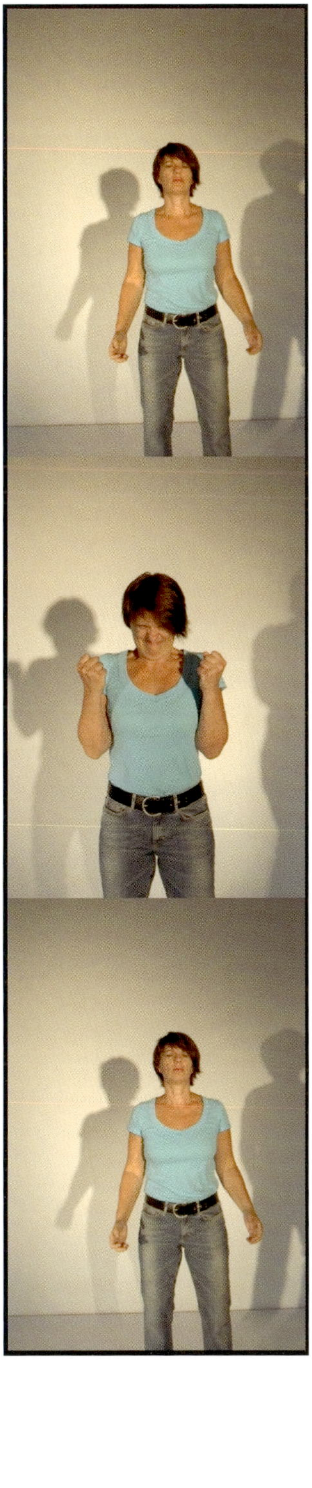

Entspannung-Anspannung-Entspannung
Stellen Sie sich hin, schließen Sie die Augen, zählen Sie bis 3 und spannen Sie Ihren ganzen Körper bis ins Extrem an für 10 Sekunden und lassen dann mit der Ausatmung wieder los. Wiederholen Sie dies mehrmals. Wunderbar, um chronische Spannungen zu lösen!

SPANNUNGEN WEGLACHEN – HUMOR ALS INNERE HALTUNG

ICH WEIß NICHT MEHR, WAS RICHTIG IST

Ein junger Topmanager suchte einen alten Weisen auf und fragte ihn: »Ich weiß nicht mehr, was ich tun soll, ich kann keine Entscheidungen treffen. Ich spüre nicht, ob sie richtig oder falsch sind«. Der Weise hörte dem jungen Mann zu und sagte: »So nimm doch endlich Haltung ein!« Der junge Mann wusste nicht so recht, was er mit dieser Aussage anfangen sollte und wiederholte fragend: »Haltung?« Der alte Mann nickte nur. Da der Manager sehr ehrgeizig war, versuchte er auch aus dieser Situation das Beste zu machen und er nahm Haltungen ein. Zuerst zog er die Schultern hoch, streckte die Knie durch, machte ein ernsthaftes Gesicht und schaute den alten Mann an. Der runzelte die Stirn. Und so versuchte er es weiter. Eine Haltung nach der anderen. Und das Ganze mit großem Ernst und viel Fleiß. Der Weise beobachtete ihn und konnte sich nun nicht mehr zurückhalten. Er begann zu lachen, steigerte sich immer mehr hinein, bis er sich nur noch schüttelte vor Lachen. Der Topmanager fühlte sich gedemütigt, aber da er gut erzogen war, nahm er sich zusammen und versuchte, diese Reaktion für sich einzuordnen. Doch plötzlich musste auch er lachen. Und er kicherte und lachte laut, bis es ihn nur so schüttelte. Er konnte gar nicht mehr aufhören. Und so kugelten die beiden Männer am Boden herum und plötzlich hielt der Weise inne, blickte den jungen Mann an und sagte: »Endlich hast du deine Haltung gefunden.«

Mit Verbissenheit signalisieren wir Fleiß, mit Humor Größe.

Krisenszenario

Krise: Reißt euch zusammen, Zähne zusammenbeißen und durch.
Zähne: Schon passiert. Hey Brustkorb!
Brustkorb: Ja, was ist?

Zähne: Die Krise hat gesagt, wir müssen die
Zähne zusammenbeißen, sonst geht gar nichts.
Brustkorb: Gut, dann halt ich die Luft an.
Hirn: Mir fällt nichts mehr ein, mir ist so schwindlig.
Krise: Na also, geht doch, häh?

Übung:

Kleine Lachübung mit großer Wirkung: Setzen Sie sich entspannt hin, stellen Sie beide Füße in Hüftbreite auf den Boden. Legen Sie die Arme entspannt auf die Oberschenkel. Ziehen Sie die Mundwinkel hoch und halten Sie sie ca. 30 Sekunden. Vergessen Sie nicht zu atmen. Dann lassen Sie mit der Ausatmung wieder los. Das wiederholen Sie mehrmals.

Wirkung: Bereits nach wenigen Wiederholungen wird sich Ihr innerer Zustand positiv verändern und Sie müssen lachen. Auch wenn Ihnen diese Übung gekünstelt vorkommt, hat sie erwiesenermaßen eine äußerst positive Auswirkung auf Ihre Stimmung (Wechselwirkung von Körper und Psyche).

HUMOR IM BERUF

Immer wieder werde ich in meinen Seminaren damit konfrontiert, dass Lachen im Arbeitsleben als unseriös gilt. Da herrscht die Meinung, wenn zu viel gelacht wird, wird zu wenig gearbeitet. Da wäre die Geschichte mit der Krankenschwester, die fröhlich in die Arbeit kommt, und folgenden Satz hören muss: »Gehen Sie in den Keller lachen, hier wird gearbeitet.« Weiters wird von den SeminarteilnehmerInnen immer wieder erwähnt, dass Lachen nicht ins Unternehmenskonzept passt, gerade in Zeiten der Krise. Da ist Ernst angesagt.

Lachen braucht weniger Energie als ein ernstes Gesicht.

Gerade in Krisenzeiten ist der Humor unverzichtbar. Lachen innerhalb einer Unternehmenskultur wirkt Wunder hinsichtlich Gesundheit, Gruppengefühl und Motivation. Spaß am Arbeitsplatz bringt den Mitarbeitern mehr Energie, Kreativität und sie werden seltener krank. Das ist keine Neuerfindung des Rades, wie wir vom Lachforscher Paul E. McGhee in »Auswirkungen einer Humorkultur im Unternehmen« [5] lesen können:

- Man ist offen für Neues.
- Lachen und Frohsinn steigern die Produktivität.
- Die Menschen werden durch Fröhlichkeit zufriedener, kreativer und entspannter.
- Humor macht den Menschen im Alltag belastungsfähiger.
- Lachend schaffen wir Distanz zu unseren Problemen und finden neue Lösungsansätze.
- Lachen ist der größte Stressfeind.

MANCHE WOLLEN GERNE RITTER SEIN

Immer wieder begegnen mir SeminarteilnehmerInnen, die ihre Blockaden vehement verteidigen und mir klarmachen wollen, dass dies ihre ganz persönlichen, typischen Haltungen sind. Auch wenn sie sehr unbequem und schmerzhaft sind.

Erst unlängst lernte ich bei einem meiner Seminare Eva, eine Frau mittleren Alters kennen, die ihren Schutzpanzer um den Brustkorb wie eine Ritterrüstung vor sich hertrug. Schon das Beobachten dieser Frau blockierte meine Atmung und auch ihr Gesichtsausdruck wirkte übermüdet und angestrengt. Bei der Ganganalyse machte ich sie auf ihre Blockade im Brustbereich aufmerksam, die ihre Atmung beeinträchtigte und ihre Mimik starr erscheinen ließ. Eva wollte dies jedoch nicht hören. Sie sagte mir klar und deutlich, der Panzer gehöre zu ihr, er beschütze sie und deshalb wolle sie ihn auch nicht aufgeben. Ich akzeptierte dies und setzte mein Seminar fort. So nach und nach wurden die TeilnehmerInnen immer lockerer, lachten viel und fühlten sich sichtlich befreit. Eva jedoch hielt sich zurück, beobachtete, war sehr ruhig und atmete schwer. Sie konnte nicht lachen und schon gar nicht loslassen. Sie war konsequent in ihrer Haltung, verteidigte ihre Ritterrüstung mit Ausdauer und Stolz.

Ein blockierter Brustkorb erschwert oder verhindert das Lachen.

»Ihr Brustkorb ist kein fester Block, kein Brust-Kasten. Er ist ein Korb, ein bewegliches Geflecht. Lassen Sie ihn also weich und in sich beweglich sein.« (Ida. P. Rolf, Der aufrechte Mensch [6])

Doch dann kam der Zeitpunkt, wo sie von der Fröhlichkeit und Ausgelassenheit ihrer Kolleginnen mitgerissen wurde und plötzlich konnte sie nicht mehr anders, ob sie wollte oder nicht. Sie beteiligte sich an den Körperübungen, wurde immer lockerer und begann zu lachen. Es war wie eine Explosion, befreiend!

»Humor ist der Knopf, der verhindert, dass einem der Kragen platzt.«(Joachim Ringelnatz [7]*)*

Und dann passierte das, was immer passiert. Die Körperübungen und das Lachen entspannten Evas Brustkorb und ihr Kopf waren frei, sie sah um Jahre jünger aus und konnte sich nach Langem wieder locker bewegen. Eva strahlte und sie spürte sich mit jeder Faser.

Sobald der Mensch zu spielen beginnt und lacht, sind alle Fehlhaltungen weg. Ein Moment der Befreiung.

Am Ende des Seminars weinte Eva und sagte, dass sie realisiert hat, dass sie jahrelang nicht gelacht hat und die Schublade des Humors für sie verschlossen war. Jetzt hat sie das Lachen wiederentdeckt. Und das tat so gut.

Übung:

Gesichtslockerung: Stellen Sie sich vor den Spiegel, schneiden Sie Grimassen und sagen Sie sich, wie schön Sie sind. Reißen Sie die Augen auf, öffnen Sie den Mund und schließen Sie ihn wieder, und finden Sie immer neue Mimikvariationen. Wenn Sie Lust haben, machen Sie ein Foto von sich und stellen sich dieses Foto auf den Schreibtisch.

Wirkung:

Diese Übung macht Sie munter und frei im Kopf. Sie können sich besser konzentrieren und die Ideen fließen.

HUMOR ALS LEBENSKRAFT – ERGEBNISSE DER LACHFORSCHUNG

Wenn ein Mensch lacht, werden innerhalb der Gesichtsregion 17, und am ganzen Körper sogar 80 Muskeln betätigt. Die Augenbrauen heben sich, die Nasenlöcher werden weit, der Jochbeinmuskel zieht die Mundwinkel nach oben, die Augen verengen sich zu Schlitzen, der Atem geht schneller, die Luft schießt mit bis zu 100 km/h durch die Lungen, die Stimmbänder werden in Schwingung versetzt. Der Mann lacht mit mindestens 280 Schwingungen pro Sekunde, bei einer Frau sind es sogar 500. Das Zwerchfell bewegt sich rhythmisch. Im Gegensatz zu den angespannten Muskeln erschlaffen die Muskeln in der Beinregion – wir kippen vor Lachen nach vorne. Auch die Blasenmuskulatur entspannt sich, daher der Ausdruck: »sich vor Lachen in die Hose pinkeln.« Kitzelt man einen Menschen, so erweitern sich die Pupillen. Beim Atmen wird der gleichmäßige Strom der Ausatmung durch einzelne Stöße abgelöst, die auch die Stimmbänder stoßweise in Schwingungen versetzen und so die bekannten Lachtöne erzeugen: hahahaha, hehehehehe, hihihi, hohoho, huhuhu. Die Ausatmung wird verstärkt. Kräftiges Ausatmen entlastet ein bedrücktes Gemüt (Seufzen). Lachen hilft bei Depressionen, Angst und psychosomatischen Erkrankungen. Wie bei jeder Freude kreist das Blut rascher, erweitern sich die Gefäße, wird die Ausscheidung angeregt. Die Giftstoffe werden beschleunigt ausgeschieden, die Verdauung erleichtert. Die weißen Blutkörperchen vermehren sich, so dass die Bakterien nichts mitzulachen haben. Lachen schützt vor Allergien und stärkt das Immunsystem. Weiters hat das Lachen eine heilende Wirkung bei: Bluthochdruck, Herzerkrankungen, Angstzuständen, Schlafstörungen, Magengeschwüren, Allergien und sogar Krebs (siehe »Das kleine Lachyogabuch«, Christoph Emmelmann [8]). Der ganze Mensch gerät in Bewegung. Spannungen werden weggelacht. Bis zu 300 Muskeln werden bei einem Lachvorgang belebt.

LACHEN IST DIE BESTE SEELENMEDIZIN

»Nicht umsonst wurde dem bekannten Clown Grock von der medizinischen Fakultät der Universität Budapest der Ehrendoktor der Medizin verliehen. Grock hat sicherlich, ohne es zu wissen, unzählige Male das vollbracht, was als höchste ärztliche Leistung gepriesen wird: im Menschen den Lebenswillen zu wecken. Das Lachen ruft alle Lebensgeister auf, und zwar je plötzlicher, desto intensiver. So wirken Lachmuskelübungen als Weckruf an die aufbauenden Kräfte, als echtes Stärkungsmittel für alle Funktionen. Und das wiederum ist eine wichtige Voraussetzung für das wahre innere Lachen, für eine lächelnde Seele.« (Atme richtig, werde frei, Milla Cavin [9])

Schon eine Minute Lachtraining ersetzt 30 Minuten Entspannungstraining.

.

Übung:

Lachatem:

a) Wir schnuppern wie beim Riechen an einer duftenden Blume und rufen dabei auch diese Vorstellung wach. Beim Einatmen ziehen wir die Luft in kurzen schlagartigen Zügen ungefähr sechsmal schnuppernd durch die Nase ein. Beim Ausatmen in kurzen kräftigen Schlägen die Luft ausstoßen mit den Lauten pu-pu-pu-pu. Dann dasselbe mit ps-ps-ps.

b) Lachatem: tief einatmen und dann die Luft kräftig ausstoßen auf die Laute ha-ha-ha, he-he-he, hi-hi-hi, ho-ho-ho, hu-hu-hu, indem man bei jedem Laut den Bauch fest einzieht und dann wieder loslässt.

Wirkung:

Schnuppern und Lachatem vertiefen den Atem beträchtlich.

Übung:

Stilles Lachen: Wir sehen uns im Spiegel an und lachen ohne Stimme. Wir öffnen den Mund und halten uns den Bauch vor Lachen.

Wirkung:

Sehr gut für die Lockerung des Zwerchfells, Vertiefung der Atmung und Entspannung.

Variation:

Wir summen mit geschlossenem Mund und lassen daraus ein Lachen entstehen. Wir lachen summend. Auch diese Übung entlädt, löst Spannungen und lockert das Zwerchfell.

Auf die Frage, warum sie zu mir ins Humorseminar kommt, antwortete eine Dame:

»Ich möchte gerne für Jahre vorauslachen.«

Mein Vorschlag: Lachen Sie voraus, lachen Sie zurück und lachen Sie vor allem jetzt, in diesem Moment!

Andrea Latritsch-Karlbauer hat mir mit ihrer Methode gezeigt, wie ich zu Leichtigkeit gelange, wie ich es schaffe, in meine Mitte zu kommen und dort zu bleiben. Ich bin ein sehr verkopfter Typ. Ich kenne viele Methoden & Instrumente, die mir helfen zu reflektieren, zu analysieren und die mir gesetzten Ziele zu erreichen. Andrea Latritsch-Karlbauer hat mir beigebracht, wie ich dies nun mit weniger Kraft – über den Körper – nicht über den Kopf – erreichen kann. Ich wende das Erlernte und inzwischen Eingeübte in sehr vielen Lebenslagen an. Beruflich z. B. bei der Verhandlung mit Geschäftspartnern genauso wie bei Konfliktsituationen mit Mitarbeitern. Es gelingt mir in meiner tagtäglichen Arbeit einfach effizienter vorzugehen, weil ich Energie spare, die ich dann einfach für mich habe. Die AnLaKa Methode hat für mich somit zu mehr Lebensqualität geführt! Übungen, die ich mittlerweile täglich mache, sind z. B. das Erden in der Früh. Beim Gehen achte ich aufs Abrollen. Wenn ich mich traurig fühle, dann beginne ich zu singen, zu tanzen und »lasse die Lippen flattern«. Bei Stress verwende ich die Lockerungsübungen »Löwe« und »Erdbeben«. Wie gesagt, mit diesem Rüstzeug bin ich immer gewappnet und fühle mich anschließend einfach wieder besser. Und das ist ein feines Gefühl!

Corinna Fehr, Managerin

Jeder will es richtig machen, aber niemand hält inne, um zu überlegen,ob seine Vorstellung von »richtig« die richtige ist.
F. M. Alexander

GESELLSCHAFT DER RICHTIGMACHER

Eine meiner Freundinnen kommt aus Island. Ellen ist Opernsängerin und spricht sehr gut Deutsch. Doch manchmal verdreht sie Worte und sie bekommen eine ganz andere Bedeutung, die dann doch irgendwie stimmt. Wir würden Dinge und Situationen niemals so benennen, gerade deshalb bergen Ellens Worterfindungen so viel Wahrheit in sich. Sie erzählte mir mal eine Geschichte über einen Freund, der in allem, was er tat, perfekt sein wollte. Wir würden in diesem Fall sagen, dieser Mann ist ein Perfektionist. Sie jedoch sagte, dieser Mann ist ein »Richtigmacher«. Da musste ich lachen, da diese Wortkreation unsere Gesellschaft mit ihren Leistungsansprüchen perfekt beschreibt.

WIR SIND EINE GESELLSCHAFT DER RICHTIGMACHER

Von klein auf werden wir darauf konditioniert, zu funktionieren und alles im Leben perfekt zu machen, und wir beginnen in frühester Kindheit, unsere eigene Meinung zurückzuhalten (wie könnte das Haltungsbild aussehen?), aus der Angst heraus, bestraft oder ausgelacht zu werden. So werden wir nach und nach darauf konditioniert, nicht durch Individualität und Eigenständigkeit aufzufallen, sondern durch eine »Nichtmeinung«. Wir definieren uns über unsere Leistung, die Anpassung und die kollektive Meinungsäußerung. Auch wenn uns etwas nicht passt, und obwohl wir genau wissen, dass Situationen unrichtig oder unfair sind, halten wir lieber den Mund, als uns gegen Ungerechtigkeiten zu wehren, aus Angst vor den Konsequenzen. Das haben wir gut gespeichert und wir bemühen uns nun fortan, nur ja unauffällig und angepasst zu sein und der Norm zu entsprechen, ohne dies weiter zu hinterfragen.

»Geh immer gerade, ja nicht links und rechts schauen, und schon gar keine Haken schlagen.« (Erziehungsmantra)

Und dann geht's los! Wir beginnen uns zu verbiegen. Wir schlucken eigene Bedürfnisse runter, beißen die Zähne zusammen, ziehen die Schultern hoch, drücken die Knie durch und die Energie staut sich irgendwo im Körper, wie bei einem Kelomat (siehe Kelomatprinzip, S. 64). Und dann passiert's, dass wir uns nicht mehr spüren und unsere Haltung verlieren (siehe Spannungen weglachen, S. 36). Und dann sind wir haltungslos und haben keine eigene Meinung mehr, weil wir nicht mehr spüren, was richtig ist. Und so stehen wir da mit unserem angepassten Leben. Alles wunderbar! Und das alles nur auf die Gefahr hin, einen Fehler zu machen. Wenn man bedenkt, wie viele kreative Einfälle der kollektiven Anpassung zum Opfer fallen. Schade eigentlich!

Je mehr Spannung, umso weniger G'spür! Je mehr Spannung, umso weniger Authentizität. Je mehr Spannung, umso weniger Freiheit. Je mehr Spannung, umso weniger Kreativität!

Und schon geht's los. Ein ursprünglich lockerer Körper wird gefüttert mit aufgestauten und unterdrückten Bedürfnissen und Emotionen, und so nehmen die Blockaden ihren Lauf oder besser gesagt die Blockaden nehmen unserer Energie ihren Lauf. Und so fährt unsere Energie gegen die Wand und erschlägt uns letztendlich – fast. Das wollen wir jedoch vermeiden. Aber wie? Ich hätte da einen Vorschlag: Unterbrechen Sie die Routine, äußern Sie ihre Meinung auf die Gefahr hin, erstaunte Gesichter zu ernten. Spüren Sie nach, wie Sie sich fühlen, wenn Sie dies getan haben. Bedenken Sie, dass ihre Meinungsäußerung durchaus unbequem für andere sein kann, gleichzeitig aber eine Verspannung weniger in ihrem Körper bedeutet. Unausgesprochenes nistet sich in ihrem Körper ein. Und wir haben unendlich viele Nistplätze (S. 90, Haltungsdelikatessen).

Tipp:

Vorbereitung für eine Aussprache oder notwendige Diskussion: Stehen Sie mit beiden Beinen in Hüftbreite und leicht gebeugten Knien, Oberkörper aufgerichtet, atmen Sie tief durch, sehen

Sie Ihrem Gegenüber in die Augen und sagen Sie, was Sie zu sagen haben (S. 78, Erdung oder die natürliche Mitte). Eine Meinungsäußerung aus einer neutralen Grundhaltung kann nie beleidigend sein, da Sie nicht aufgeladen sondern entspannt und überzeugend sind. Der Kelomat hat keine Chance!

Bevor Sie die unten beschriebene Übung – das Erdbeben, ausprobieren, bitte ich Sie, einmal ganz bewusst festzustellen, wo Ihre ureigensten Spannungen sitzen. Stellen Sie sich entspannt hin, Füße in Hüftbreite und schließen Sie die Augen. Konzentrieren Sie sich auf Ihren Körper, atmen Sie ruhig und spüren Sie bewusst Ihre Nistplätze im Körper auf. Wo blockieren Sie die Energie? Vielleicht ziehen Sie die Schultern hoch, machen Fäuste oder beißen die Zähne zusammen? Oder Sie halten die Luft an? Es gibt unendliche Möglichkeiten. Begeben Sie sich auf die Suche und nehmen Sie die blockierten Bereiche bewusst wahr. Nachdem Sie Ihre Verspannungen realisiert haben, gehen Sie bewusst zu nachfolgender Übung über.

Übung:

Das Erdbeben für den täglichen Spannungsabbau

Stellen Sie sich mit beiden Füßen in Hüftbreite hin, Knie sind locker, Arme hängen seitlich des Körpers. Keine Fäuste machen. Wir stellen uns vor, ein Erdbeben beginnt vom Boden ausgehend und breitet sich über den ganzen Körper aus, schön langsam, von den Füßen über die Beine, Hüfte, Oberkörper, Schultern, Arme aufsteigend bis zum Kopf. Der ganze Körper wird durchgeschüttelt, Kiefer ist locker, auch das Gesicht wackelt, die Stimme brabbelt mit (Lippenflattern) und so werden wir durchgeschüttelt mit einer ständigen Steigerung. Das Erdbeben breitet sich besonders in den Spannungsregionen aus und schüttelt diese besonders durch. Langsam ebbt das Erdbeben wieder Richtung Erde ab, und wir geben alle unsere Spannungen mit in den Boden ab. Dann stehen Sie ruhig und fühlen in Ihren Körper rein. Kurze Pause. Das Erdbeben beginnt erneut. 3–5 x wiederholen. Zum Abschluss erden Sie sich und nehmen bewusst wahr, wo sich Spannungen im Körper gelöst haben.

Wirkung:

Mit dieser Übung können Sie Ihren Körper wunderbar neutralisieren und Verspannungen lösen sich! Der Körper wird frei – der Kopf wird frei – die Energie fließt!

Tipp zur Freizeitgestaltung:

Nachdem Sie jetzt locker und entspannt sind, belohnen Sie sich mit einem Kaffeehausbesuch. Sie suchen sich einen gemütlichen Platz und nun beobachten Sie die Menschen um sich. Schauen Sie ganz genau, wie locker oder angespannt sie sind. In welchen Körperbereichen sind die meisten Verspannungen zu sehen? Können Sie sie überhaupt entdecken? Vielleicht sehen Sie neue Haltungstypen und Sie finden Wortkreationen und können so die Hitparade der Alltagshaltungen (S. 126 ff.) beliebig erweitern. Ihrer Kreativität sind keine Grenzen gesetzt. Erfinden Sie und lassen Sie es mich wissen. Viel Spaß!

Zu beobachtende Verspannungsvorschläge:

Watschelgang, durchgedrückte Knie, angespanntes Kiefer, hochgezogene Schultern, geballte Fäuste, eingezogener Brustkorb, angespannte Gesichter, zusammengepresste Lippen (diese Liste ist beliebig erweiterbar).

WANN BIN ICH AUTHENTISCH?

Eine als authentisch bezeichnete Person wirkt besonders echt, das heißt, sie vermittelt ein Bild von sich, das beim Betrachter als real, urwüchsig, unverbogen, ungekünstelt wahrgenommen wird. Sartre redet davon, dass die unauthentische Seinsweise durchaus die übliche Seinsweise des Menschen ist. Sie entspringt der sogenannten komplizenhaften Reflexion. Diese ist dadurch gekennzeichnet, dass sich der Mensch mit bestimmten gesellschaftlich relevanten Seiten (Status, Beruf) seiner Persönlichkeit identifiziert und darüber hinausgehende Facetten seiner Persönlichkeit ignoriert. So meint z.B. ein Professor immer eine Rolle als Professor (mit professoralem Gehabe, immer nachdenklich, Zerstreutheit usw.) spielen zu müssen oder treten Angehörige gehobener Gesellschaftsschichten immer bewusst distinguiert auf. Komplizenhaft wird die dahinterstehende Reflexion deshalb genannt, weil jeder Mensch tiefinnerlich natürlich weiß, dass er viel mehr als das zur Schau Gestellte ist. Diese Identifikation kann auch mit bestimmten Seiten des Charakters erfolgen, die von dem betreffenden Menschen akzeptiert sind, in der Weise, dass er zum Beispiel Wert darauf legt, immer als der zurückhaltende, verlässliche, junge Mann wahrgenommen zu werden, und infolgedessen auch so etwas wie eine Rolle spielt. Hinzu kommt, dass man in der Wahrnehmung der anderen Menschen ausschnittartig erscheint und der andere Mensch dazu neigt, den wahrgenommenen Menschen zu taxieren und in zwei, drei Sätzen zu charakterisieren, um ihn einordnen zu können. Im Prinzip stellt die unauthentische Seinsweise eine Identifikation mit diesem Bilde dar, welches man (und das ist die Wechselwirkung) in der Wahrnehmung anderer bewusst erzeugen kann, wenn man dabei auf charakterliche Schemata zurückgreift und diese in seine Selbstinszenierung einbaut. Eine authentische Seinsweise entsteht nach diesem Konzept immer nur katastrophenhaft und zwar dann, wenn die eben beschriebenen Verhaltensweisen, die ja lebenspraktisch durchaus von Belang sind, zusammenbrechen: Dieser Übergang wird Konversion genannt und führt zur reinen Reflexion, die das augenzwinkernde Einverständnis mit gesellschaftlich vorgezeichneten Verhaltensmustern aufgegeben hat (Wikipedia [10]).

ECHT SEIN, WIE FUNKTIONIERT DAS?

Ich habe Ihnen schon von meiner Suche nach Authentizität erzählt und ich möchte Ihnen nun meine Sichtweise zu diesem Thema näher erläutern.

Ich hatte bis vor wenigen Jahren eine extreme Hohlkreuzhaltung, mit der ich mich seit der Kindheit nicht anfreunden konnte und wollte. Ich fühlte mich wie eine aufmüpfige watschelnde Ente. Immer wenn ich an Schaufenstern vorbeiging, stachen mir mein rausgestrecktes Hinterteil, meine zurückgezogenen Schultern und mein vorgestreckter Kopf in die Augen. Meine Haltung glich der des Westernhelden im Haltungswestern (S. 60), den ich in diesem Buch beschreibe. Ich war immer unter Spannung, wollte alles unbedingt erreichen, setzte mich dadurch selbst unter Druck und natürlich andere auch. Ich suggerierte meiner Psyche über die Körperhaltung Ruhelosigkeit und Stress, ohne es zu wissen. Niemand sagte mir, dass es diese Zusammenhänge gibt und dass es möglich sei, diese Haltung zu verändern, innerlich als auch äußerlich. Ich bemerkte, je mehr ich mich mit Haltungen beschäftigte, dass diese Fehlposition, die sehr unangenehm für mich war, reine Gewohntheit war. Ich kannte es ja nicht anders. Es dauerte sehr lange, bis ich erkannte, dass es doch Möglichkeiten und Wege gibt, Haltungen (nicht nur äußere) zu verbessern. Ich erzähle Ihnen diese Geschichte deshalb, damit Sie sehen, dass ich nicht in die Kategorie »Guru« falle (und das ist mir wichtig) und selbst lange auf der Suche war und durch eine Entwicklung der Haltungsverbesserung gegangen bin und alles, was Sie hier lesen, nicht nur Seminaren und angelesenen Erkenntnissen entspringt, sondern von mir real durchlebt wurde. Seitdem ich meine Haltung verbessert und Fehlstellungen ausgeglichen habe, hat sich auch mein innerer Zustand entspannt und ich bemühe mich, immer wieder in die neutrale Grundhaltung (S. 78, Die Erdung oder die natürliche Mitte) zu gehen, um keine Überspannungen (siehe Kelomat S. 64) entstehen zu lassen. Meist gelingt es mir, aber nicht immer, denn wir müssen uns eingestehen, dass der Mensch weit davon entfernt ist, perfekt zu sein. Und das betone ich deshalb, da viele Ratgeberbücher von einer selten hinterfragten

Selbstgefälligkeit sind und die Neuentdeckung des Universums versprechen. Da spiel ich nicht mit.

WAS HAT SICH SEIT MEINER HALTUNGSVERBESSERUNG VERÄNDERT?

Die Kommunikation im beruflichen als auch im privaten Bereich ist weitaus entspannter und energiesparender. Seitdem ich nichts mehr krampfhaft will, gelingen mir die Projekte und auch Alltagspflichten viel leichter. Ich gehe mit großem Vertrauen und entspannten Schritten auf meine Ziele zu und muss mich gar nicht groß erklären, da sich die entspannte Haltung auf mein Gegenüber überträgt und so ein großes Gefühl von Vertrauen entsteht, und das ist eine gute Basis, um kreative Projekte umzusetzen. Und wenn es nicht so läuft, ist das meist mit einer inneren und äußeren Verspannung in Verbindung zu bringen. Und da weiß ich, dass es körperliche Möglichkeiten gibt, diese Zustände schnell zu verbessern. Also warum nicht nützen?

In den Seminaren sehe ich mich als Bildhauerin, Entdeckerin, als Schatzsucherin auf der Suche nach dem Ursprünglichen, nach dem Echten, nach dem wesentlichen Kern, der die individuelle Persönlichkeit ausmacht, ohne Verspannungen und falsch eingelernten Haltungsmustern. Und da ich bereits mehr als 20 Jahre im Theater- und Seminarbereich tätig bin, und dadurch einen geschärften Blick für die nonverbale Kommunikation als auch verborgene und unterdrückte Ausdruckweisen des Körpers entwickelt habe, ist es für mich immer wieder spannend, zu sehen, wie positiv sich die Tatsache für die TeilnehmerInnen auswirkt, ihr tatsächliches »So–sein« zu entdecken, ihre »neutrale Grundhaltung« zu finden und sie mit Humor behutsam zu ihren Wurzeln zu begleiten. Ohne Esoterik, ohne Schnörkel und überflüssigen Schnickschnack, die das authentische Bild des Menschen zudecken, sondern nur mit der Anleitung zum natürlichen Umgang mit dem eigenen Körper und seinen Ressourcen. Was dabei rauskommt, ist für mich immer wieder faszinierend: Die SeminarteilnehmerInnen beginnen zu strahlen, wenn sie ihre Spannungen und Schutzhaltungen aufgeben. Sie sehen um Jahre jünger aus, sind beweglicher, lachen und haben plötzlich viele kreative Einfälle. Diese Erfahrung ist für viele sehr überraschend, da sie so naheliegend und einfach ist. Ich sehe mich in diesem Fall als Katalysator, der Menschen darauf aufmerksam macht, den Körper in seiner Ursprünglichkeit wieder neu zu entdecken und ihn als konstruktives Handwerkszeug zu nutzen. Also machen Sie sich auf die Suche nach Ihrer Authentizität und vor allem »wollen Sie nichts«! Das ist der erste Schritt in Richtung Echtheit und wiedergewonnene Freiheit.

»NEUTRALE GRUNDHALTUNG« – WAS IST DAS?

Das ist die Erdungshaltung, eine entspannte und neutrale Körperhaltung, aus der man sämtliche Potenziale schöpfen kann (keine Erfindung von mir). Aus dieser Haltung können wir ganz leicht in sämtliche Emotionen (S. 56, Das Wohltemperierte Klavier) gehen und vor allem spüren wir unser »ureigenstes Wollen«. Die Einflüsse der »Fremdsteuerung von außen« werden immer belangloser, da unser »Ich« uns leitet und uns Lösungen anbietet. Man könnte es auch als innere Balance und Gleichgewicht bezeichnen. Auf meiner langen Suche nach Leichtigkeit musste ich erkennen, dass ich die besten Leistungen erbringe, die genialsten Ideen habe, wenn ich nichts krampfhaft will, sondern darauf vertraue, dass mir im entscheidenden Augenblick die richtigen Lösungen zufallen (aus Erfahrung und Intuition heraus, die funktionieren können, wenn ich mich nicht verkrampfe). Und das ist der entscheidende Punkt, zu erkennen, dass ich in meiner Mitte bin. Und vor allem dann, wenn ich »ich« bin und nicht meine Entscheidungen nach den Maßstäben anderer treffe. Und wenn ich das auch noch mit voller Überzeugung tue, dann bin ich in meinem Leben ein großes Stück weitergekommen, da ich weitaus energiesparender und freier lebe, weil ich »mich« lebe. Wenn ich diesen wunderbaren Zustand erreiche, dann habe ich mir ein großes Stück Freiheit erkämpft, denn genau in diesem Moment entwickelt sich meine Authentizität, wenn ich mit voller Überzeugung zu dem stehe, was ich auch meine. Dann entwickelt sich Ausstrahlung, das berühmte Wort »Charisma«, dieser Kristall, der mich ausmacht, ohne dass ich dafür etwas leisten oder mich vor anderen beweisen muss. Dieser Zustand ist ganz leicht zu erreichen. Über den Körper, eine wunderbare Ressource, die uns sofort, im Moment zeigt, ob wir richtige Entscheidungen treffen. Und nun sind wir beim Erfolgserlebnis, nämlich dem Entdecken der ureigensten Kraft, der individuellen Persönlichkeit, die dem nachgeht, was sie in sich spürt und für richtig befindet ohne »Fremdmantras.« In diesem Moment findet das große »Ausatmen« statt, wo wir über die Atmung und das Lachen viele Spannungen lösen. »Loslassen«, das viel gepriesene Zauberwort, bekannt aus sämtlichen Mentaltechniken, funktioniert über den Körper sehr schnell. Und so beginnt der große Schritt in die Autonomie, in das Selbstbewusstsein, in das Erkennen des eigenen Potenzials und in die Selbstliebe. Wenn ich mich liebe und akzeptiere, dann stehe ich zu dem, wer ich bin, was ich sage und ich gehe aufrecht durchs Leben und muss mich nicht mehr ständig erklären und rechtfertigen.

Das ist der Idealzustand. In der Realität sieht es leider anders aus. Und so möchte ich Ihnen eine Hilfestellung bieten, wie Sie ganz schnell wieder in Ihr persönliches »Echtsein« finden. Dies ist mitunter ein Grund, warum ich dieses Buch schreibe und so gerne Seminare leite. Am Beginn des Workshops sehe ich einen Raum voll verspannter, nervös hüstelnder, aber doch interessierter Teilnehmer. Am Ende des Seminars gehen viele sichtlich verjüngt (ich lüge nicht), lachend und entspannt nach Hause. Das zu sehen, und welch positive Auswirkung ein gelöster Körper auf den Geist hat, ist faszinierend. Die Menschen strahlen, haben Ideen, lachen und gehen motiviert weg. Und das ohne Botox, Facelifting oder sonstiger Runderneuerung. Und das Spannende für mich ist letztendlich, dass die TeilnehmerInnen, wenn ich sie nach längerer Zeit wiedersehe, immer wieder begeistert betonen, dass sie die Übungen und Impulse in ihr Leben einbauen und davon täglich profitieren (S. 143 ff., Statements).

Deshalb integrieren Sie, wo Sie können, Übungen, die in diesem Buch vorgestellt werden, indem Sie innehalten, sich z. B. erden oder sich fallen lassen oder einfach nur Ihre Lippen flattern lassen. Den überflüssigen Ballast, mit dem Sie belastet sind, streifen Sie wie ein Kleidungsstück von sich ab. Machen Sie das nach jeder Konfrontation, beim Aufkommen von Gedankenkarussells sofort. Je öfter Sie dies tun, umso schneller werden Ihr Körper und Ihre Seele reagieren, da sie es schon kennen (Körpergedächtnis).

Nun begeben Sie sich mit mir auf die Suche nach Ihrer Authentizität und bilden Sie sich Ihre eigene Meinung, das ist die große Chance auf eine selbstbestimmte Zukunft mit viel Leichtigkeit!

Wussten Sie, dass Sie mit einfachen mimischen Übungen angespannte Situationen ganz schnell auflösen können? Wenn Sie zornentbrannt aus einem Konflikt weggehen, dann machen Sie oben gezeigtes Gesicht. Diese mimische Notfallhilfe verhindert, dass Sie die Spannungen weiter in sich tragen, da Sie blitzartig lachen müssen. Eine Spannung weniger kann ja nicht schaden. Probieren Sie es aus. Diese Übung wirkt fantastisch. (Sie sollten sich jedoch zuerst aus dem Konfliktbereich wegbewegen , sonst könnte es Ärger geben). Funktioniert 100%ig. Meine SeminarteilnehmerInnen schwören darauf.

DAS WOHLTEMPERIERTE KLAVIER

Stellen Sie sich vor, Sie sind ein Klavier? Mit 88 Tasten. Das heißt, Sie haben große Interpretationsmöglichkeiten für Ihr Leben. Stimmungen können unglaublich kreativ und variationsreich, je nach Lust und Laune in tiefen, mittleren und hohen Lagen ausgedrückt werden. All diese Tasten können Sie x-beliebig kombinieren und mit Zwischentönen versehen. Betrachten wir die Klaviertasten als Ausdrucksmöglichkeit für unsere Emotionen. Wenn das Klavier gebaut wird, wird es intoniert, d. h. alle Tasten werden benutzt, um einen schönen Klang zu erhalten. Und dann wird es eingespielt. Bach schrieb »Das Wohltemperierte Klavier«, Stücke, wo alle Tasten benutzt werden, damit sie nicht verstauben. Jeder Ton hat seine Gleichberechtigung.

»Immer wenn ich beim Komponieren ins Stocken geriet, nahm ich mir das Wohltemperierte Klavier hervor, und sogleich sprossen mir wieder neue Ideen.« *(*Ludwig van Beethoven [11])

Auch wir sind kreativ. Wir werden mit all diesen Tasten geboren, benutzen sie als Kind, beschränken uns dann aber im Laufe des Lebens auf das Spielen jener Töne, die für uns am leichtesten zu bedienen sind und die uns am ehesten entsprechen. Nennen wir es Gewohnheit und Bequemlichkeit. Gewohnheit ist für uns vielleicht ein Anker, der vorhersehbar und gemütlich ist, aber weder spannend, noch überraschend und schon gar nicht kreativ.

»Indem man von Gewohnheiten überflutet wird, ist man gefangen.« *(*Erfolgsfaktor Kreativität [12])

Und so werden unsere Lebensinterpretationen monoton und langweilig. Gewohnheit ist ein Kreativitätskiller. Unsere Lebenstasten beginnen sich zu verstimmen, werden träge und sperrig und passen so nicht mehr zum ursprünglichen Konzept der unendlichen Möglichkeiten. Man kann sagen, wir sind leicht verstimmt. Unsere Ausdrucksmöglichkeit ist eingeschränkt und so spielen wir lustlos auf unserer »Lebensorgel.« Typische Alltagssituation: Ich treffe eine alte Bekannte und frage

sie: »Wie geht's Dir denn?« Und sie antwortet: »Es geht«, »Immer gleich« oder »So wie die anderen wollen.« Ich frage Sie: »Macht das Spaß?« Wenn wir das Klaviermodell auf unseren Körper und Geist übertragen, verstehen wir sofort, was gemeint ist. Geben wir den Tasten Namen: Fröhlichkeit, Schüchternheit, Mut, Zorn, Anteilnahme, Spontaneität, Depression, Herausforderung, Arroganz, Fürsorge, Sensibilität, Vertrauen, Ängstlichkeit, Überheblichkeit, etc. Welches sind Ihre bevorzugten Tasten? Wenn wir alle täglich mit den unendlichen Möglichkeiten der Variation spielen, wird die Melodie überraschend und mitreißend. Wir jedoch beschränken uns auf die Interpretationen, die uns am meisten liegen, die wir gewohnt sind, und so klingt die Musik oft sehr monoton. Und das langweilt uns und auch andere. Wir sind solide. Ich arbeite immer wieder mit jungen Leuten, die arbeitslos sind und eine Weiterbildung in diversen Arbeitsprojekten erhalten. Auf die Frage: »Was kannst Du besonders gut«, kommt sehr oft die Antwort: »Ich kann mich sehr gut anpassen.« Ich denke, das sagt alles. Auf die Gefahr hin, eine eigene Meinung zu haben und sich zu positionieren, verzichten bereits junge Menschen darauf, ihre eigentliche Meinung zu artikulieren und antworten so, wie es von ihnen erwartet wird, auf die Gefahr hin, die eigene Person zu verstecken. Und wir sind auch nicht anders. Wo ist die Haltung? Und so verkümmern nach und nach die mannigfaltigen Möglichkeiten, weil wir sie nicht nutzen bzw. sie vergessen haben. Und so werden wir zu den Menschen, die wir sind. Verspannt, mit gestauter Energie im Brustkorb oder in den Schultern oder auch im kleinen Finger oder in einem Muskel im Gesicht, der ständig zuckt. Das erinnert mich ein bisschen an einen Kelomat (S. 64, Das Kelomatprinzip). Und irgendwann einmal erinnern wir uns. War da nicht etwas, was ich immer machen wollte, jedoch vergessen habe? Ich wollte doch immer malen oder reisen oder, oder, oder. Wollten Sie nicht auch mal etwas ganz anderes tun? Dann tun Sie es! Werden Sie zu Ihrem eigenen Spurensucher und aktivieren Sie Ihre Lebenstasten. Spielen Sie Ihre eigene Melodie!

Übung:

Erweckung der Sinne – Aktivierung der Feinmotorik: Legen Sie sich eine rhythmische Musik auf, stellen Sie sich in Hüftbreite mit leicht gebeugten Knien hin und beginnen Sie, Ihr Kiefer zu lockern mit Lippenflattern, »bbbbbbbbbbbbbb«, wie das Schnauben eines Pferdes. Dann beginnen Sie mit dem Becken zu kreisen, von links nach rechts (mehrmals) und dann von rechts nach links, wie der Hulatanz der Hawaiimädchen. Nun schaukeln Sie Ihr Becken von hinten nach vor, immer im Wechsel. Während Sie diese Übung machen, achten Sie darauf, dass Ihr Gesicht ganz locker hängt, und machen Sie zwischendurch immer wieder »bbbbbbbbbbbbb« wie ein Pferd und schütteln Sie dabei sanft den Kopf. Nun lockern Sie Ihre Arme, Schultern und Hände, indem Sie sie schütteln, machen dazu »bbbbbbbbb« und heben Sie in Schulterhöhe hoch und tanzen mit weichen wellenförmigen Bewegungen in alle Richtungen. Achten Sie darauf, dass Sie die Finger mit allen Gliedern feinmotorisch bewegen, die Unterarme, Oberarme, das Becken, die Knie ebenso, und tanzen Sie. Nun kommen Sie zum Kopf und zum Gesicht. Begleiten Sie den Tanz mit Grimassen. Machen Sie eine Schnute, blasen Sie Ihre Wangen auf, heben Sie die Augenbrauen hoch und machen Sie immer wieder »bbbbbbbbbbbbb«. Achten Sie darauf, dass die Bewegung sehr feinmotorisch erfolgt, d. h. alle Gliedmaßen bewegen sich. Genießen Sie und lassen Sie sich tragen. Spüren Sie, wie sich die Leichtigkeit auf Ihren Körper überträgt. Sie können natürlich auch Schritte machen. Je ausgelassener Sie dies praktizieren, desto besser.

Variation: Sie können diesen Tanz noch variieren, indem immer ein neuer Körperteil die Bewegung anführt. Z. B: Akzent im Becken oder der Zeigefinger führt die Bewegung an und der

Körper folgt ...

Wirkung: Mit dieser Übung wird die gesamte Feinmotorik aktiviert und Sie fühlen sich danach frisch, locker und befreit. Energiestaus werden aufgelöst.

Körpergespräch:

Kiefer zu Lippen: Hey, was machst Du da?

Lippen: Wir lockern uns. Macht voll Spaß.

Kiefer: Aber dann kann ich ja nicht die Zähne zusammenbeißen.

Zähne: Na endlich!

Halswirbelsäule zu Lippen: Wow, das tut gut. Ist ja der Hammer. Danke!

Kiefer: Na, super!

DER HALTUNGSWESTERN

Dies ist die Geschichte eines Menschen, der sich die Anspannung zur Lebensgrundlage machte und dadurch laufend enttäuscht wurde. Karl, ein älterer Chorleiter, kam im Rahmen eines Auftrittstrainings zu mir und klagte darüber, dass seine Chorsänger immer so unaufmerksam sind, ihm nicht zuhören und lustlos sind. Der Chorleiter hatte eine Körperhaltung, die mich beim Hinsehen schon schmerzte. Er saß in seinem Becken, zog die Schultern zurück und schob den Kopf und das Kiefer nach vor. Er verkörperte die Überspannung in seiner höchsten Form. Alle Muskeln des Körpers waren bis aufs Äußerste angespannt. Bei der Körperanalyse stellte sich heraus, dass seine Art, zu gehen, eine klare Blockade setzte, die sich dann im ganzen Körper ausbreitete. Dies gab ihm das Aussehen eines Westernhelden, der jederzeit die Waffe ziehen konnte, aufgrund seiner Spannung jedoch nicht in der Lage dazu war. Das ist natürlich ein enormer Energieverschleiß, der ihn selbst sehr schnell ermüden ließ und ihn gleichzeitig frustrierte. Denn wer will schon so einen Kraftaufwand ohne effiziente Reaktion? Die Sänger könnten doch wenigstens mit hocherhobenen Händen dastehen. Ein bisschen Respekt wäre doch angebracht. Damit Sie sich das Körperbild von Karl besser vorstellen können, werde ich Ihnen die körperliche Aktion und Reaktion veranschaulichen.

Chorleiter Aktion: Bremse im Vorderfuß, Becken nach vor geschoben, Schultern zurück und Kopf nach vor, enorme Kieferspannung.

Chor: reagiert apathisch, d. h., die überhöhte Spannung auf der einen Seite bewirkt auf der anderen Seite die Lähmung. Und somit ist ein kreativer Austausch unmöglich. Überspannung ist der größte Feind der Kreativität!

Das Haltungsbild des Chorleiters in eine Geschichte übersetzt sieht ungefähr so aus:

Füße: Hey ihr da oben. So geht das nicht weiter. Vollbremsung!

(Fuß rollt nur bis Mittelfußknochen ab und stoppt)
Hüfte geht nach vor: Alles klar! Blockade gesetzt.
Schultern nach hinten: Sind in Position.
Achtung Lunge: Luft anhalten.
Lunge: Mmmmpfffffff!
Kopf schiebt sich langsam und gefährlich nach vor, Kiefer setzt nach: Alles klar. Vollstau perfekt! (Können Sie ausprobieren)

Dies ist das Beispiel für einen Menschen, der sich Respekt verschaffen will, indem er immer mehr in die Spannung geht und nicht bemerkt, dass er dadurch das Gegenteil erreicht und immer schwächer wird. Er wird nicht mehr ernst genommen und löst im Gegenüber Desinteresse aus.

Eine gespannte Körperhaltung schwächt die gesamte Persönlichkeit.

Ich habe lang darüber nachgedacht, wie man solch eine gestaute Körperhaltung am effizientesten auflösen kann. Aus meinen Beobachtungen konnte ich schließen, dass von den Füßen aus die gesamte Körperhaltung geprägt wird. Zu viel Druck auf den Außenkanten, Innenkanten oder wie in diesem Fall auf den Fersen verursachen im gesamten Körper einen Stau. Im Falle des Westernhelden eine Beckenstauung, die eine Schulterüberspannung nach hinten und eine Kopfhaltung nach vorne bewirkt. So war es für mich nur logisch, die extreme Fersenstellung aufzuheben, damit sich der restliche Körper entspannen kann. Die nachfolgende Übung »die Fußschaukel« ist eine wunderbare Möglichkeit, den Körper zu neutralisieren, d. h. durch das Schaukeln gerät der Körper in eine neutrale Grundhaltung und hat so die Möglichkeit, sich zu erinnern, wie es richtig geht. Somit findet der Ausgleich statt. Auch in diesem Fall, beim »Westernhelden«, erzielte ich damit die gewünschte Wirkung und der Chorleiter war danach locker, leicht, entspannt und er lachte über das ganze Gesicht. Er wirkte vollkommen befreit und war erstaunt, mit welch einfachen Mitteln er selbst seine chronische Fehlspannung auflösen kann.

Übung:

Fußschaukel zur Auflösung der Gesamtkörperspannung:

Sie stellen sich mit den Füßen in Hüftbreite hin, beugen den Oberkörper leicht nach vor, beugen die Knie und lassen die Arme seitlich des Körpers hängen. Spüren Sie mit den Füßen den Boden, indem Sie wie ein Schaukelpferd von der Ferse über die Fußballen nach vor zu den Zehen und wieder zurück schaukeln. Die Dynamik der Bewegung geht in den Boden, spüren Sie die Schwerkraft, die Sie nach unten zieht. Kopf bleibt aufgerichtet. Schaukeln Sie vor und zurück (ca. 1 Minute) und spüren Sie, wie Sie durch den Bodenkontakt immer mehr Sicherheit bekommen. Danach richten Sie sich auf. Wiederholen Sie diese Übung mehrmals. Danach stampfen Sie mit dem rechten und linken Fuß in den Boden. Dann erden Sie sich und gehen dynamisch auf ein Ziel zu. Achten Sie darauf, dass Sie den ganzen Fuß abrollen. Beim Gehen achten Sie auf Folgendes: Ferse aufsetzen, belasten, abrollen und Abstoßen der Zehen.

Wirkung:

In den vorderen Fußballen liegen die Vitalzonen, die Ihnen noch zusätzlich Energie schenken! Die gespeicherte Energie wird beim Abstoßen frei. Schaukeln Sie, wann es Ihnen einfällt. Sie können diese Übung wunderbar in den Alltag einbauen, z. B. beim Warten am Bahnhof oder während des Einkaufens ... Ihrer Fantasie sind keine Grenzen gesetzt.

Sich ins Selbstbewusstsein und in die Lockerheit schaukeln

DAS KELOMATPRINZIP

Ich bin ein Mensch, der in Bildern denkt, und es hilft mir immer, Vergleiche aus dem Alltag oder mit Alltagsgegenständen herzustellen. So versteht man die Mechanismen des menschlichen Verhaltens besser.

Warum ein Kelomat?

Ein Kelomat ist ein Druckkochtopf, der Fleisch und Gemüse innerhalb kürzester Zeit gar werden lässt. Dazu ist es notwendig, dass dem Topf ein Deckel aufgesetzt wird, und dieser Deckel hat ein Ventil, aus dem der Druck entweichen kann. Wenn die Temperatur des zu garenden Gutes die optimale Temperatur erreicht hat, beginnt der Topf zu pfeifen und sie muss zurückgedreht werden, damit der Kelomat nicht explodiert. Ich vergleiche das gerne mit dem Menschen und seiner zur Verfügung stehenden Energie. Wenn ich meinen Körper in optimaler Weise nutze, kann dieser Kelomateffekt nie entstehen, da immer ein gleichmäßiger Energieaustausch stattfindet, d. h. ich lasse die Situation gar nicht so weit kommen, dass ich so blockiert bin, dass ich nicht mehr ein noch aus weiß, denn wir haben kein Ventil zum Druckablassen.

In einer Situation der Hochspannung fällt uns nichts mehr ein und lösungsorientiertes Denken ist schon gar nicht möglich.

Da wir alle große Angst vor Fehlern haben (S. 46, Gesellschaft der Richtigmacher), nehmen wir uns zurück, um ja nichts falsch zu machen. Wir nehmen auch unsere Persönlichkeit zurück, verhalten uns ruhig, sagen selten unsere Meinung und verkapseln uns immer mehr in uns selbst. Das führt, wie bereits erwähnt, zu einem Energiestau, je nach Charakter, irgendwo im Körper und äußert sich in einer Fehlhaltung begleitet durch unverhältnismäßige Zuckungen, ruckartige Bewegungen, gestörtem Sprachrhythmus oder auffallender Ungeschicklichkeit etc. Manch einer explodiert von einer Sekunde zur anderen, was kurzfristig zu einer Entlastung führt. Aber es geht doch darum, diese Extremstaus zu vermeiden, da sie nicht nur uns selbst, sondern auch andere schädigen. Natürlich kann man dieser

Situation teilweise mit Sport und Atemübungen beikommen, aber letztendlich geht es um den optimalen Gebrauch unseres Selbst.

Beispiel aus der Praxis:

Ich arbeitete einmal mit Musikern zum Thema »Authentisches Auftreten und Präsentieren«. Bei einer Übung zum Thema Präsenz fiel mir auf, dass die Körpersprache eines jungen Mannes sehr verhalten und fast wie ausgeschaltet war nach dem Prinzip »Ich bin eigentlich gar nicht da«. Sein Gesicht hatte einen sehr wachsamen Ausdruck, der restliche Körper bewegte sich nicht, bis auf den kleinen Finger. All die angehaltene, gestaute Energie war in diesem Finger (vergleichbar mit dem Ventil beim Kelomat, nur dass er nicht zischte), der wie verrückt kreiste, tanzte und wahre Bewegungskunststücke vollführte. An diesem Finger konnte man sehen, was dieser junge Mann alles unterdrückte. Und dem Kopf blieb nichts anderes übrig, als wachsam zu sein. Das ganze Gesicht war so angespannt, als würde jederzeit die ultimative Katastrophe eintreten. Man stelle sich vor, diese blockierte Energie wird frei. Als ich dem jungen Mann, nennen wir ihn Thomas, den Vergleich mit dem Kelomat brachte, lachte er und fühlte sich bestätigt. Er sagte, besser könne man seinen Zustand gar nicht charakterisieren. Und dann lachte er. Sein Lachen war wie eine Explosion und er wirkte danach vollkommen entspannt und er hatte eine tolle Ausstrahlung. Sein Finger war nun ruhig und Thomas fühlte sich wie neu geboren.

Diese Staus kann man im ganzen Körper finden. Sie haben immer eine fatale Auswirkung, da ein Stau lähmend wirkt, die Atmung blockiert, energieraubend ist und uns, wie das Wort schon so schön sagt, auf der Stelle treten lässt. Die eigene Energie fährt gegen eine imaginäre Wand und erschlägt uns (fast).

In der Wirtschaft würde man das »ineffizientes Energiemanagement« nennen. Und schon macht man ein gewinnbringendes Seminar mit dem Titel »Effizientes Energiemanagement«. Haben Sie schon eines besucht?

Was kann man tun?

Sport wäre in diesem Fall ein geeignetes Mittel, um Spannungen abzubauen und den Körper beweglich zu halten, aber so ist das nicht immer. Der Großteil der Menschen betreibt den Sport als Leistungsprinzip, d. h. sie laufen nicht, sondern sie laufen mit der Zeit um die Wette. Sie wünschen sich in jeder Lebenslage »Effizienz«. Dies führt jedoch nicht zur Entspannung, sondern ist eine logische Weiterführung unseres Leistungsanspruchs und lässt uns überhaupt nicht locker werden. Laufen ist nichts wert, wenn man keine Kilometerangaben und Zeiten vorweisen kann. Und das kann man am Laufstil der Sportler erkennen. Das Gleiche passiert bei der neuen Volksdroge »Walking«. Der Großteil der Bewegungsbegeisterten marschiert mit »Biss« (siehe Stresssss). Mit weit ausholenden Bewegungen schleudern die SportlerInnen ihre Stöcke durch die Luft, beißen die Zähne zusammen, um sich selbst zu bestätigen, dass man etwas für die Gesundheit tut. Man muss es spüren und wenn es wehtut, ist es besonders effizient.

Und wo ist der Spaß?

Tipp zur Freizeitgestaltung

Schaun Sie nicht fern, sondern gehen Sie an einer Laufstrecke spazieren und beobachten Sie Läufer. Da haben Sie die beste Unterhaltung mit Spaßfaktor. Und das kostenlos. Da laufen Menschen verbissen, mit hochgezogenen Schultern, verkrampftem Lächeln, Fäusten, steifem Oberkörper, angehaltenem Atem durch die Gegend und konzentrieren sich auf die Zeit und den Pulsmesser. Für uns ist das Unterhaltung auf höchstem Niveau, aber macht es den Läufern auch Spaß?

Wir blockieren ständig unsere Energie, sogar beim Laufen. Energiestaus wirken sich auf Dauer fatal auf den ganzen Menschen aus, deshalb ist es enorm wichtig, sich immer wieder körperlich zu neutralisieren, um der eigenen Mitte so nah wie möglich zu kommen.

Übung:

Stellen Sie sich vor, Sie sind ein Kelomat: Sie atmen ein, halten die Luft im Brustkorb, in den Schultern und im Gesicht, bis es nicht mehr anders geht, und dann lassen Sie die angestaute Luft (blockierte Energie) mit einem Zisch »tsch« raus und lassen dabei die Schultern fallen, entspannen Ihr Gesicht und lassen alles los, was Sie behindert. Wiederholen Sie dies mehrmals. Können Sie sich vorstellen, was da alles rauskommt? Verdrängte Ideen, unterdrückte Emotionen wie Freude und Ausgelassenheit.

WO IST DAS STAUNEN?

Wir leben in einer Welt, die alles weiß, in der alles durchschaubar ist, in der sich nur noch »erklärbare Wunder« ereignen, der das Geheimnis, das Wunder, die Poesie und die Magie verloren gegangen sind und die mithin an Langeweile wie an einer Krankheit leidet. Man kennt schon alles, hat alles gesehen, ist auf nichts mehr neugierig und staunt über gar nichts mehr.

Staunen scheint ein Privileg von Kindern oder spleenigen Romantikern zu sein. Dem modernen, aufgeklärten Menschen ist es vergangen. »Vernünftige« Menschen lassen sich durch nichts so leicht aus der Fassung bringen. Dabei galt die Fähigkeit zu staunen schon in der Antike als Grundvoraussetzung menschlicher Existenz. Staunen gilt seit Aristoteles und Platon als Anfang der Philosophie (Über das Staunen, Ekkehard Martens [13]). Staunen ist existentiell für das Werden der Menschen. Kindern ist dieser, wenn auch bei ihnen meist nur kurze Zustand natürlich, später wird er seltener, doch wenn er sich einfindet, umso lehrreicher und kostbarer. Das Staunen entzündet sich an Alltagsdingen unserer jeweiligen Welt: Gerade, ganz einfache, sozusagen harmlose Eindrücke, dazu kurz dauernder Art, können das hier gemeinte Staunen hervorrufen, den Ritz und Riss im üblichen gewohnten Bemerken (Karl Jaspers, 1883–1969, Über das Staunen, Ekkehard Martens [13]).

Kürzlich habe ich eine Studie über Depressionen und psychische Erkrankungen gelesen. Mitunter ist einer der Gründe für die Entstehung von Depressionen das verloren gegangene Staunen. Die Menschen haben das Staunen verlernt. Wir leben aufgeklärt und wissenschaftsgläubig in einer »entzauberten Welt«, lassen uns regieren durch einen abgestumpften Medienzauber, und haben große Probleme, uns überraschen oder irritieren zu lassen. Es fällt uns schwer, zuzugeben, dass wir etwas nicht wissen oder dass uns etwas rührt oder gar überrascht. Zu viele Emotionen verraten zu viel über unsere Persönlichkeit; Staunen ist kindisch und so verpuppen wir, was sich wiederum in unserem Körperausdruck äußert (S. 56, Das Wohltemperierte Klavier).

Man hat sich gegen alles und gegen jeden abgesichert. Wir sind sicher. Wir stehen drüber.

Dieser trostlosen Welt fehlt der Humor, die Überraschung und das Staunen.

Ich frage meine SeminarteilnehmerInnen immer wieder, wann sie das letzte Mal gestaunt haben, und viele stellen fest, dass sie diese Fähigkeit schlichtweg vergessen haben. Wer gibt schon gerne zu, dass er noch zu überraschen ist, oder dass ein Ereignis unerwartet kommt oder dass wir eine Situation nicht kennen? Genau aus diesem Grunde, möchte ich Sie dazu anregen, das Staunen wiederzuerobern. Entdecken Sie sich neu!

Übung

Aktivierung des Staunens: Stellen Sie sich vor den Spiegel und betrachten Sie sich, als würden Sie sich das erste Mal sehen. Betrachten Sie Ihre Augen, streichen Sie mit Ihren Händen über die Augen, und sagen Sie »aah diese Augen«, danach betrachten Sie Ihren Mund und sagen »ooh dieser Mund« und so entdecken Sie sich nach und nach. Spielen Sie mit den Lauten »ah, oh, uh« und finden Sie neue Laute, z. B. wow, wusch, schööööön ... Das machen Sie so lange, bis Sie lachen müssen und sich Wohlbefinden einstellt.

Variation: Sie können diese Übung beliebig erweitern. Nachdem Sie sich selbst neu entdeckt haben, entdecken Sie Ihre/n PartnerIn, Ihre Kinder neu. Sie entdecken Ihre Wohnung neu und immer wieder begleiten Sie Ihre Expedition ins Staunen mit »aah, ooh, schööön, uuuh, hui, wusch ...« (kann beliebig erweitert werden)

Wirkung: Diese Übung aktiviert das Wohlbefinden, die Atmung, das Lachen und das Staunen. Gleichzeitig durchbricht sie Gewohnheiten und eröffnet neue Perspektiven.

Tipp: Denken Sie an sich selbst, als Sie ein Kind waren und gestaunt haben, und speichern Sie dieses Bild im Kopf. Das führt zu einer inneren Öffnung, die Sie frei werden lässt.

»Staun' dich durch die Welt und die Überraschung ist dir gewiss.« (AnLaKa)

VORTEILE DES STAUNENS

Wer Staunen kann und auf Neues, Unerwartetes in der Welt und in seinem Leben neugierig ist, durchbricht seine Alltagsroutine, überwindet eine lähmende Langeweile, öffnet sich überraschenden Eindrücken und hat die Chance, über sein Leben erneut nachzudenken und sich selbst neu zu orientieren. Ob wir es wollen oder nicht. Wir Menschen haben schon immer gestaunt und werden trotz aller Barrikaden im Kopf und im täglichen Leben auch weiterhin staunen über Alltägliches, Unerwartetes, Kurioses, über die Absurdität und Schönheit der menschlichen Existenz.

Das Staunen, Nachdenken und erneute Staunen kommt an kein definitives Ende: »Es gibt immer wieder etwas neu und erneut zu staunen.« (Über das Staunen, Ekkehard Martens [14])

Übung:

Stellen Sie sich breitbeinig, mit leicht gebeugten Knien hin, reißen Sie die Augen auf, atmen Sie ein, und atmen Sie mit einem erstaunten ooooooh aus. Während des Ausatmens entspannen Sie die Augen. Machen Sie eine kurze Pause und wiederholen Sie diese Übung mehrmals. Sie können auch mit uuuuuuuh ausatmen. Dann mit aaaaaaaah, iiiiiiiiih, eeeeeeeeeeh.

Wirkung: Diese Übung aktiviert Ihre Sinne und erfrischt den Geist.

Haltung – die kann man zeigen, bewahren, einnehmen. Haltung drückt Gesinnung, Moral, Ethik aus. Haltung ist für mich die positiv konnotierte Zone zwischen Starrsinn und Flexibilität. Haltung drückt die grundsätzliche, aber reflektierte Einstellung eines Menschen aus, die man ändern kann, aber nicht eines billigen Effekts willen opfert. Die fruchtbarsten Diskussionen führe ich mit Menschen, die ihre Haltung dadurch zeigen, dass sie ihre Einstellung klar vertreten, die Sichtweise anderer aber annehmen können. Dieses Verständnis von persönlicher Haltung schlägt sich in jeder Form der Berufsausübung, vor allem aber in leitenden Funktionen von Organisationen oder Firmen und damit in der Firmenkultur nieder.

Monika Kircher-Kohl, Vorstandsvorsitzende

SIND SIE AUCH UNSICHTBAR?

Wir kennen doch alle die Geschichte mit der Tarnkappe. Seien wir ehrlich. Wie oft möchten wir eine Tarnkappe aufsetzen und unsichtbar werden! Es würde uns vor vielen peinlichen Situationen bewahren, uns unnötige Konflikte ersparen und wäre überhaupt ein geeignetes Mittel, sich unauffällig zu verdünnisieren. Wenn das doch so einfach ginge. Da es jedoch keine Tarnkappen gibt, müssen wir uns den täglichen Situationen stellen und meistern diese mehr oder weniger zufriedenstellend. Es gibt jedoch Menschen, die eine Methode entwickelt haben, sich unsichtbar zu machen. Und sie sind gar nicht glücklich darüber. Alles, was sie sagen, wird ignoriert, nicht gehört, geschweige denn wahrgenommen. Womit hat das zu tun? Warum werden manche Menschen nicht wahrgenommen, obwohl sie real im Leben stehen? Kennen Sie die Situation, dass Sie Dinge 5 x sagen müssen und Sie werden noch immer nicht gehört? Oder Sie stehen in einer Gruppe von Menschen und werden nie angesprochen oder gar übersehen? Oder Sie haben eine Idee und niemand reagiert darauf? Wenn ja, dann gehören Sie zu den Menschen, die sich irgendwann, ohne es zu bemerken, eine imaginäre Tarnkappe aufgesetzt haben und vergessen haben, sie wieder runterzutun. Sie sind unsichtbar.

Beispiel aus der Praxis

Brigitte, eine junge, hübsche Krankenschwester, besuchte ein Seminar bei mir. Am zweiten Tag des Workshops, wo es um Präsenz und Erdung ging, kam sie zu mir und sagte: »Ich weiß nicht, ich habe das Gefühl, dass mich Menschen im Gespräch gar nicht wahrnehmen. Ich sag' etwas und meine Kolleginnen hören es nicht. Wenn ich Leute um etwas bitte, tun sie es nicht, weil sie es schlichtweg vergessen. Danach behaupten sie, dass ich das nie gesagt hätte. Ich muss mich ungeheuer anstrengen, damit ich wahrgenommen werde. Das passiert mir so oft.« Und dann bemerkte ich, dass auch ich mich sehr auf diese junge Frau konzentrieren musste, um ihr zuzuhören und sie wahrzunehmen. Ich erinnerte mich daran, dass ich immer wieder TeilnehmerInnen in meinen Seminaren hatte, die ich mir nicht merken konnte, auch wenn sie mehrere Tage an meinem Kurs teilnahmen. Waren die auch unsichtbar? Woran liegt das? Gibt's da vielleicht einen Zusammenhang zwischen innerer Haltung und Ausstrahlung?

Lässt Brigitte's Schüchternheit ihre Persönlichkeit verschwinden oder sind alle anderen schuld, da sie einfach nur ignorant und rücksichtslos sind?

Nehmen wir mal Bezug auf das Wohltemperierte Klavier: Wenn Sie zu oben beschriebenen Menschen gehören und sich ein wenig damit identifizieren, dann haben Sie sich auf die Tasten »Schüchternheit, Zurückhaltung und Unauffälligkeit« eingespielt. Wenn Sie sich dazu ein Musikstück einfallen ließen, wie würde das klingen? Sie haben eine Melodie von sich erschaffen, die Sie vielleicht gar nicht mehr spielen wollen. Deshalb gilt es, die restlichen Tasten wieder zu aktivieren. Wer sagt, dass die tiefen Tasten Ihr Gesamtbild nicht positiv bereichern könnten? Woran mangelt es? Was kann man in diesem Fall verbessern? Sehen wir uns einmal die Haltung dieser jungen Frau an.

Füße: kaum Bodenkontakt, d. h. die Füße berühren den Boden nur ganz sachte, so als würde sie schweben.

Becken: gehalten und unbeweglich

Brustkorb: angehaltener Atem

Schultern: hochgezogen

Kopf im Hals: ängstlicher Gesichtsausdruck

Stimme: leise und hauchig

Körpergespräch:

Boden zu Füßen: Wehe, wenn ihr mich berührt, dann könnt ihr was erleben.

Füße: Wir tun ja eh nichts.

Becken: Sie tun ja eh nichts und ich bin gar nicht da. Alles in Ordnung.

Boden: Na, dann!

Schultern zu Füßen und Becken: Ich halte euch schon. Puu, ist das anstrengend.

Kopf zu Hals: Darf ich mich verstecken?

Hals: Aber vorsichtig.

Stimme (ganz piepsig): Psst, passt auf, dass uns niemand hört.

Boden: knurrt.

Mangelnder Bodenkontakt nimmt Dir die Ausstrahlung und die Stimme. Mangelnder Bodenkontakt macht Dich unsichtbar.

Übung:

Herstellung der Erdung (S. 78)

Bewusste Erdung und Abrollen des Fußes beim Gehen, Herstellen des Bodenkontaktes durch Stampfen in den Boden mit den Worten »Ich bin da«. Oberkörper ist aufgerichtet, Schultern von vorne nach hinten bis zu den Ohren überdrehen und mit der Ausatmung fallen lassen. Kopf aufgerichtet, wie durch einen Faden nach oben gezogen. Danach noch einmal bewusst Bodenkontakt herstellen durch Stampfen und »Ich bin da« und dann gehen Sie bewusst auf ein von Ihnen gesetztes Ziel in Augenhöhe zu.

Wirkung:

Die Herstellung des Bodenkontaktes neutralisiert die gesamte restliche Fehlhaltung und die Energie beginnt gleichmäßig zu fließen.

ERDUNG ODER DIE NATÜRLICHE MITTE

Stellen Sie sich folgendes Bild vor: Sie sind ein Mensch zwischen Himmel und Erde. Die Erde symbolisiert Vertrauen, Selbstsicherheit, Standfestigkeit, Wurzeln, die Aufrichtung in Richtung Himmel vermittelt ein archaisches Bild des »Menschseins«.

Die folgende Übung ist das Grundhandwerkszeug für Ihr Leben! Der gute Stand bringt Ihnen im wahrsten Sinne des Wortes »Standfestigkeit und Selbstsicherheit!« Die Erdung symbolisiert Ihre Vorstellung »mich kann nichts umwerfen« und »ich kann mich auf mich selbst verlassen«. Die gelöste Muskelspannung bringt die Leichtigkeit und unterstützt das Loslassen.

Übung:

Die Erdung:
Stellen Sie sich bequem in Hüftbreite hin, die Fußspitzen zeigen nach vorne oder minimal zur Seite. Knie sind leicht gebeugt. Das Becken ist in Mittelstellung – schaukeln Sie mit dem Becken nach vor und zurück und lassen los (das Becken sucht sich seine richtige Stellung). Schultern einmal von vorne nach hinten in Richtung Ohren überdrehen und mit der Ausatmung loslassen. Dabei wird Ihr Brustkorb vorne und hinten geöffnet (Ihr Sonnenplatz-Brustkorb wird frei).
Kopf: wird von imaginärer Schnur in Richtung Himmel gezogen. Ihr Kiefer ist locker, die Atmung fließt.

Wirkung:
Erdung gibt Leichtigkeit und Selbstvertrauen!
Erdung fördert den optimalen Stimmsitz!
Erdung ist die Basis für eine ökonomische Haltung und ist energiesparend!

Tipp:

Bauen Sie diese Übung immer wieder in Ihren Alltag ein. Vor allem in Situationen, wo der Stresspegel zunimmt. Halten Sie inne, lassen Sie sich fallen (Schulterlockerung, Lippenflattern) und erden Sie sich. So vermeiden Sie Überspannung und Gereiztheit (S. 64, Kelomatprinzip).

VORBEI IST DIE TOMATENERNTE

Ines besuchte mehrere Seminare bei mir, um mehr Selbstsicherheit zu bekommen und auch ihre Haltung zu verbessern. Sie ist eine sehr hübsche, aber sehr schüchtern wirkende junge Frau, die besonders darunter litt, dass sie in Situationen, wo sie sehr gefordert war, rot wurde wie eine Tomate und gleichzeitig ihre Stimme in den Hals rutschte und piepsig wurde. Auch bei der Vorstellungsrunde wurde sie rot und man merkte ihr die Unsicherheit an. Nachdem wir uns alle gemeinsam körperlich gelockert haben, schaute ich mir ihre Gangart näher an und stellte fest, dass Ines sehr wenig Bodenkontakt hatte (S. 74, Sind Sie auch unsichtbar). Die junge Frau setzte ihre Schritte so behutsam, bremste ihre Energie ein, rollte kaum ab, um möglichst unauffällig zu landen. Und nahm sich damit selbst die Sicherheit.

Erde gibt Sicherheit, Präsenz und Selbstvertrauen.

Ich übte mit Ines das Abrollen, die »Fußschaukel« (siehe nachstehende Übung) und den Urmenschen. Und plötzlich änderte sich was. Ihre Stimme wurde tiefer, der Gang bestimmter, der Blick klarer und die Haltung aufrechter. Der Körper erinnerte sich und Ines war präsent. Sie sagte, dass sie sich ganz anders wahrnahm, viel intensiver und auch die anderen Teilnehmer staunten über ihre Veränderung. Sie strahlte und wirkte selbstbewusster. Kürzlich berichtete mir Ines, dass sie seit diesem Seminar, was bereits Monate zurückliegt, nie mehr rot geworden ist und auch in der Kommunikation im Berufs- und Privatleben weitaus weniger Energie brauchte und auch von den KollegInnen und Freundinnen viel klarer als selbstbewusste Persönlichkeit wahrgenommen wird.

Der ganze Schritt ist wie das Leben mit all seinen Konsequenzen!

Statement von Ines:

Das Haltungsseminar bei Andrea hat mir geholfen, mein »»Kelomat-Syndrom« in den Griff zu bekommen. Ich leide seit meiner Kindheit unter meinem »Rotwerden« und hatte immer große Angst, vor Leuten zu sprechen. Meine Stimme war immer im Hals und der Stimmklang dünn und unsicher. Nun hat der unangenehme Druck, das Aufsteigen von Hitze von der Brust aufwärts, über den Hals und das gleichzeitige »Rotwerden« ein Ende genommen. Ich kann mich nun in Stress-Situationen oder in »nur« unangenehmen Situationen auf Folgendes stützen: »Stopp-Sagen, erden, ruhig und bestimmt agieren oder sprechen«. Durch die Erdung ist der Stimmsitz optimal und ich habe bemerkt, dass mein Stimmklang viel voller ist. Durch die Erdung ist mein Gang nicht mehr »engelhaft-schwebend«, sondern sicher und konkret. All meine Aktionen geschehen mit mehr Leichtigkeit und Bestimmtheit.

Übung:

Fußschaukel: Herstellung des Bodenkontaktes (Beschreibung S. 60, Haltungswestern).

Achten Sie darauf, dass Sie während dieser Übung nicht Ihr Kiefer anspannen. Gesicht bleibt entspannt und locker.

Übung:

Urmensch – einfache Übung mit großer Wirkung

Stellen Sie sich mit gebeugten Knien breitbeinig hin, Fußspitzen zeigen nach rechts und links außen, Oberkörper und Kopf sind aufrecht. Sie stampfen abwechselnd mit dem rechten und linken Bein in den Boden und sagen: »Ich bin da« mit voller Überzeugung mehrmals. Sie betonen das noch mit den Armen, die immer von der Schwerkraft Richtung Boden gezogen werden.

So gehen Sie, vergleichbar einem Orang-Utan herum, spüren bewusst den Boden und sagen immer wieder »Ich bin da«. Diese Übung praktizieren Sie 2–3 Minuten. Spüren Sie, wie die Kraft des Bodens Ihren Körper ins Gleichgewicht bringt und Ihnen Sicherheit gibt.

Wirkung:

Diese einfache Übung erzielt eine unglaubliche Wirkung. Durch die bewusste Herstellung des Bodenkontaktes wird der Energiefluss im ganzen Körper ins Gleichgewicht gebracht und Sie spüren sich intensiver. Die Stimme setzt sich und wird tiefer.

In Workshops mit psychisch kranken Menschen rief diese Übung großes Erstaunen bei den Teilnehmerinnen hervor, da sie sich plötzlich wieder körperlich spürten und gleichzeitig lachen mussten. Die Stimmung und Dynamik veränderte sich schlagartig ins Positive und es herrschte gute Laune. Danach übten wir noch die Aufrichtung und Dynamik. Es war nichts mehr von Depression oder sonstigen psychischen Beeinträchtigungen zu spüren. Das machte Mut und bestätigte die Wechselwirkung von Körper und Psyche.

Meine Begegnung mit Andrea Latritsch-Karlbauer und ihrer Art, die Wirkung der Befindlichkeit der Seele auf den Körper zu sehen, bestätigt meine Sichtweise, dass der Weg zu mehr Wohlbefinden auch über den Körper zur Seele zurückführen kann. Dabei sind auch in der Wahrnehmung und in der Haltung sogenannte »Körpererinnerungen« gespeichert, mit denen man sich wiederum aus psychologischer Sicht auseinandersetzen kann, z. B. kann man bei einer depressiven Verstimmung den Klienten allein durch eine körperliche Aufrichtung für den Moment aus seinem Gedankenkarussell herausreißen bzw. über die Technik der Erdung kann der Mensch diese Ressource nutzen, um mehr Selbstvertrauen zu spüren.

Dr. Sybille Zauchner, Psychologin

INTERVIEW MIT PSYCHOLOGIN DR. SYBILLE ZAUCHNER

Woran denken Sie zuerst beim Wort Haltung?

Da steckt das Wort »Halt« drinnen – den man sich selbst geben, oder in sich selbst suchen kann, damit man auf niemanden angewiesen, nicht abhängig ist. Wie kann ich Halt in mir finden? Im Selbstvertrauen und im Vertrauen auf eine höhere Führung, dass ich ein Teil vom Ganzen bin und gar nicht herausfallen kann; dass ich authentisch bin und bleibe und zu mir stehe, zu meinen Ansichten und auch zu meiner Fehlerhaftigkeit; dass ich mir ganz und vollständig vergebe für alles, was hinter einem Problem liegt; dass ich Selbstachtung habe und mir meine Würde bewahre.

Da gibt es aber auch das kleingeschriebene »halt« ...

Ja, im Sinne von stoppen vor einem Hindernis oder einer Gefahr – aufpassen, Selbstverantwortung übernehmen, nicht blindlings ins Unglück rennen, Grenzen ziehen lernen, sich nicht Einflüssen aussetzen, die schaden können.

Wie spielen Halt und halt zusammen?

Die Verbindung daraus macht den Charakter der Haltung aus, auch in der Körpersprache. Ein Mensch, der zu sich steht, kann aufrecht, gerade stehen. Ein Mensch, der sich abgrenzen, schützen kann, bleibt in der nötigen Distanz und stellt sich nicht untertänig zur Verfügung.

Das führt uns weiter zu den Bedeutungen des Zeitwortes (oder Tun-Wortes, wie man früher sagte) – halten ...

Das Halten signalisiert zunächst einmal Geborgenheit, Urerfahrung von Nähe und Sicherheit (Baby im Haltetuch), ein Sich verlassen können, sich halten. Aber da ist natürlich auch

– festhalten, einschränken, anklammern, sich anhalten – aus eigener Schwäche oder Angst, sich zurückhalten. Dahinter steht dann die Bedeutung der Opferrolle, die immer in Projektion steht, gehalten werden will – die Regression in frühkindliche Frustrationen, als Kompensation und »Nachbeelterung«. Festhalten und nicht loslassen können entspricht ebenfalls einer mangelnden Selbstwert-Haltung, einer infantilen Bedürftigkeit und narzisstischem Anhalten. Auch viele komplementärnarzisstische Verhaltensweisen entsprechen diesem Modell. Das heißt, es kommt zu einem Muster von »aushalten«, weil man kein Vertrauen entwickelt hat, dass man ohne Leistung liebenswert ist. Aushalten kann Durchsetzungsvermögen bedeuten, aber auch die Schwäche, Konsequenzen zu ziehen, um sich aus einer misslichen Lage zu befreien.

Wie zeigen sich Folgen dieser Hintergründe im Leben des Einzelnen?

Hab ich als Kind genug Halt bekommen, den Lebenssaft von Mutter und Vater nehmen können, ist die Basis für eine positive Haltung im Leben gegeben. Hab ich in der Hinsicht Defizite erlebt, bleibe ich später wahrscheinlich in Nähe-Distanz-Haltungen; das heißt, ich suche Nähe, halte sie aber dann nicht aus, weil ich mit dem Thema nicht identifiziert bin. Bin ich aber in der Distanz, halte ich die nicht aus, weil ich das Grundbedürfnis habe, gehalten zu werden. In der Praxis sind das dann die Beziehungen, wo der andere gebunden, weit weg wohnend oder beziehungsscheu ist, sodass die Haltung eines »verlassenen Kindes« wieder eingenommen wird – in der Hoffnung, dass der Partner die eigene Problematik löst. Diese Haltung zeigt sich dann auch körperlich in der Flucht in die Krankheit, um Mitleid zu erreichen. Sowohl bei psychosomatischen Erkrankungen als auch bei der AnLaKa-Methode geht es um ein Wechselspiel von Körper und Seele, das sich in Haltung äußert.

Gibt es eine innere und eine äußere Haltung?

Die absolute Nähe und das Fehlen jeder Bedürfnisspannung erlebt der Mensch im Mutterleib. Daher rührt auch später im Schlaf die Embryo-Haltung, als Synonym der Geborgenheit. Mit der Geburt ist die Verschmelzungsphase zu Ende. Beim Eintritt in die Welt ist die erste Haltung oft kopfüber, wenn der Arzt das Baby bei den Beinen hält und ihm einen Klaps auf den Po gibt, um die Atmung zu aktivieren. Die eigene Entscheidung, welche Haltung man einnehmen will, ist von dieser Erfahrung des Nicht-allein-Seins abhängig, vom Urvertrauen. Der Mensch ist getrieben von der Sehnsucht nach Nähe und reagiert auf Grund seiner Prägungen. Ob die innere Sicherheit da ist, willkommen zu sein oder vernachlässigt worden zu sein, drückt sich in der Körpersprache aus.

Wie genau?

Der selbstsichere Mensch, der Ressourcen vom Gehaltenwerden, Angenommensein hat, kann aufrecht stehen und dem Blick des Gegenübers standhalten. Der Mensch erlebt die Welt immer in Resonanz zu seiner Grund-Haltung. Deshalb hat wohl auch jeder seine »eigene Wahrheit«. In der Beobachtung des Klienten bei seinem Auftritt oder Verhalten zeigen sich oft die frühkindlichen Prägungen – z. B. in der Haltung der Reaktionsstarre, wo das Leben aus Trotz nicht genommen wird, aus Angst vor neuerlicher Zurückweisung, aus Angst vor Verlust.

Welche Körperhaltungen fallen Psychotherapeuten auf?

Die Körperhaltungen und die damit verbundenen Symptome sind bekannt – das gebückte Kreuz, der steife Nacken, der gebeugte Nacken, die nach vorne hängenden Schultern, die weichen Knie, das Fehlen des Rückgrats, das Ausweichen des Blickkontakts. Tiefere seelische Ausrichtungen drücken sich ebenfalls im Körperlichen aus, z. B. Schuldgefühle, Angst, Misstrauen – wo die Verkrampfung in der Haltung den Abwehrmechanismus aufzeigen, z. B. sich einigeln als Schutz (Schultern einziehen, kleiner machen, Arme, Beine verschränken).

Nun wird Körpersprache auch aktiv genutzt ...

Ja, das ist der Gegenpol – die Spiegelung in der Haltung, wo man unbewusst die Körperhaltung des anderen einnimmt, um so Sympathie zu erzeugen. Die Botschaft »ich bin wie du, wir sind gleich«, schafft Vertrauen. Bei Vorstellungsgesprächen wird das »Modellieren« des Gegenübers (oft in entsprechenden Seminaren gelernt) bewusst eingesetzt. Das heißt, man ahmt die Gestik, Motorik, Ausdruck nach, spürt so die Energie des anderen und macht sie sich zunutze. Verliebte spielen das unbewusst auch mit, sich der Körperhaltung des anderen unbewusst anzupassen, sie zu kopieren. Im Unbewussten kann es auch passieren, das Leid von einem Angehörigen oder nahestehenden Menschen in der Körperhaltung zu übernehmen, um dem anderen symbolisch zu helfen, seine Last zu tragen. Das kann man auch bei älteren Paaren beobachten, dass sie sich in der Körperhaltung völlig ähneln und oft auch die gleichen Gebrechen haben. Auch im Kind ist die seelische Verfassung im Körperausdruck wahrnehmbar. Das verschüchterte Kind bewegt sich anders als das übermütige, ungehemmte ...

Wie groß ist der Wert der Information Haltung?

Die Haltung ist wie ein Schaufenster, man erlebt einen ersten Eindruck, der bereits einiges aussagt, wenn auch noch nicht die Ganzheit repräsentiert. Rückschlüsse sind erlaubt, aber eine eindeutige Beurteilung ist trotzdem nicht angebracht – da spielen noch viele Faktoren eine Rolle. Das Aufmerksammachen auf Störungen in der Körperhaltung kann sehr hilfreich sein, auch energetisch eine Veränderung bewirken. Es kann ein wesentlicher Schritt zur Selbsterfahrung sein, wenn auch nicht die vollständige Lösung aus psychologischer Sicht.

HALTUNGSDELIKATESSEN

Da die Ernährung in der heutigen Zeit eine wichtige Rolle spielt, hab ich einen Speiseplan mit Haltungsdelikatessen, die wir so lieben, zusammengestellt , und Sie können sich nach Belieben ein Menü zubereiten, das Ihren Vorlieben entspricht.

Beliebte Haltungszutaten:

Starres Kiefer, zurückgezogener Kopf, schiefe Kopfhaltung, hochgeatmete Schultern, Kopf im Hals, eingeknickter Brustkorb, zusammengeballte Fäuste, zusammengepresste Pobacken, durchgedrückte Knie, Füße auf Außenkanten, Füße auf Innenkanten, wenig Bodenkontakt, zusammengebissene Zähne, hängende Schultern, stechender Blick, schmale Lippen, steifes Becken ...

Welches sind Ihre bevorzugten Haltungsnahrungsmittel? Ich habe Ihnen ein Menü zusammengestellt, das Sie sicher kennen.

Haltungsmenü:

Vorspeise: gestaute Luft mit hochgezogenen Schultern

Hauptgang: zusammengepresste Lippen mit steiler Stirnfalte

Dessert: durchgestreckte Knie mit überstrecktem Brustkorb

Na dann, Prost, Mahlzeit!

Und da sollen wir keine Magenverstimmung bekommen?

Auf unserer Speisekarte heißt der Hauptgang: Spannung + Energieverlust!

Die allerwichtigste Gegenformel: Nie in der Spannung zu lockern versuchen. Zuerst fallen lassen und dann erst korrigieren.

Da dieses Buch ein Ratgeber ist, möchte ich Ihnen eine Übung anbieten, die nachweislich äußerst positive Auswirkungen auf alle Teilnehmer meiner Seminare hat.

Übung:

Schulterlockerung (Fotos S. 34, Kann man Körpersprache lernen?)

Stellen Sie sich mit den Füßen in Hüftbreite hin, leicht gebeugte Knie, und lockern Sie Ihr Kiefer und lassen Sie Ihre Lippen flattern wie ein Pferd. Dann lockern Sie sich von den Schultern ausgehend Richtung Boden aus und lassen den Oberkörper und den Kopf hängen. Das Gesicht und Kiefer hängt ebenso. Dazu machen Sie »bbbbbbbbbbbb.« Achten Sie darauf, dass die Knie nie nach hinten durchgestreckt sind. Nach ca. 30 Sekunden beginnen Sie sich, vom Becken ausgehend, Wirbel für Wirbel aufzurichten, bis Sie wieder gerade und entspannt dastehen. Diese Übung wiederholen Sie mehrmals. So können Sie Energieblockaden loswerden. Der Körper richtet sich wieder in seine ursprüngliche Lage ein und wird Ihnen dankbar sein.

Spüren Sie nach, was sich verändert hat.

Und da wir ja mit einem guten Vorsatz in die Zukunft gehen und bekömmlichere Haltungsnahrungsmittel genießen wollen, biete ich Ihnen abschließend ein gesünderes Haltungsmenü an.

Ja! Natürliches Haltungsmenü:

Vorspeise: geerdete Füße mit leicht gebeugten Knien

Hauptspeise: lockeres Becken mit aufgerichtetem Oberkörper

Nachspeise: entspannte Lippen mit Lachfältchen

Mahlzeit! Schmeckt's?

Steh` nicht so schlampig!
Zieh` den Bauch ein!
Steh` g`scheit!
Gib die schöne Hand!
Beiß` die Zähne zusammen!
Rühr` dich!
Halt` dich in Form!
Gib` die Zunge rein!
Man muss das Leben fest im Griff haben!
Halt` die Luft an!

Bedeutungsvoll nicken
Auf wackeligen Beinen stehen
Ellbogentechnik haben
Der Welt die Stirn bieten
Halsstarrig sein
Mit beiden Beinen im Leben stehen
Sich durch`s Leben schlängeln
Schwach auf der Brust sein
Sich totlachen
Sich nach der Decke strecken
Aufrecht durch`s Leben gehen
Geknickt sein
Den Mund halten
Rückgrat haben

Abwehrhaltung, anhalten, behalten, dafürhalten, entgegenhalten, festhalten, Gesamthaltung, hochhalten, innehalten, junghalten, Kopfhaltung, Lieblingshaltung, Musterhaltung, Normalhaltung, Originalhaltung, Problemhaltung, Querhaltung, Rückhalt, Schonhaltung, Tarnhaltung, ungehalten, Verhalten, Warnhaltung, zusammenhalten, ... niederhalten, zuhalten, aufhalten, weghalten, einhalten, Verstandeshaltung, Beliebigkeitshaltung, haltlos, verhalten, Rückenhaltung, Schulterhaltung, Reinhaltung, Geheimhaltung, Zweckhaltung, Erhaltung, Umkehrhaltung, Unterhaltung, Alltagshaltung, Fehlhaltung, Unterhalt, haltungslos ...

»Man lügt wohl mit dem Munde; aber mit dem Maule, das man dabei macht, sagt man doch die Wahrheit.«

Friedrich Nietzsche

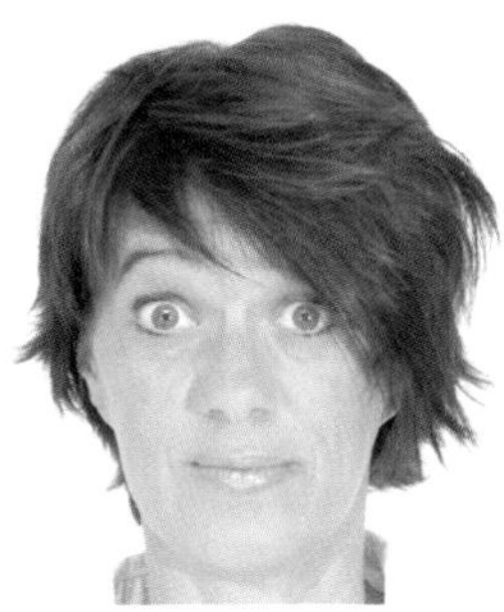

KINDHEITSKARUSSELL

... der Körper erinnert sich

Vor Freude hüpfen

Dem Körper vertrauen

Sich im Kreise drehen

Kinder tun es

Mit Humor ...

KINDHEITSKARUSSELL
... die Seele erinnert sich

Regentropfen fangen

Staunen

Unbeschwert reagieren

Echt sein

Raus aus der Tagesmühle – rein in ein bewusst gestaltetes, produktives, freudvolles Alltagsleben. Mit Hilfe einfacher Körperübungen, gelernt bei Andrea Latritsch-Karlbauer, finde ich nun innerhalb weniger Minuten die innere und äußere Balance. Mein tägliches Ziel ist es, mit Lebensfreude, gut geerdet und zentriert, gelassen und mit Leichtigkeit zu agieren.

Es gelingt nicht immer, aber immer öfter.

Dr. Ines Berger-Uckermann, Ärztin für Allgemein- und Sportmedizin, sportundmedizin.at

RAUS AUS DER TAGESMÜHLE ...

In meiner ärztlichen Praxis sind akute oder chronische Rückenbeschwerden der häufigste Grund für einen Besuch. 90 % der Beschwerden werden dabei im Muskel- oder Bindegewebe angegeben. Die überwiegende Mehrzahl ist durch eine Funktionsstörung bedingt. Eine unphysiologische Körperhaltung und muskuläre Dysbalancen (Abschwächung und Verkürzung bestimmter Muskelgruppen) sind die Hauptursachen dieser Beschwerden. Ausgangspunkt sind dabei oft die Füße, da diese die Basis unserer Haltung und damit unsere »Erdung« sind. Schon kleine Abflachungen des Fußes können zu einer Fehlstellung des Sprunggelenkes, der Beinachse und damit zu einer Veränderung im Becken, der Wirbelsäule und schließlich zu Rücken- oder Nackenschmerzen führen. Der häufige Knick-Senkfuß, beispielsweise verursacht meist eine X-Beinstellung, welche wiederum eine Hohlkreuzbildung der Lendenwirbelsäule und Schmerzen in diesem Bereich nach sich zieht.

In der Diagnostik wird zwischen Haltungs- und Stellungsfehlern differenziert. Während Erstere vom Betroffenen selbst aktiv korrigiert werden können, sind Letztere bereits anatomisch fixiert und bedürfen spezieller Behandlung. Zur Linderung der Beschwerden und Erreichung einer dauerhaften Haltungskorrektur wird aus orthopädischer Sicht eine Stärkung der Fußmuskulatur, beinachsengerechtes Training und eine Kräftigung der Rumpfstabilisatoren angestrebt. Doch oft reicht die alleinige Verbesserung des Kraftniveaus nicht aus. Beweglichkeitsübungen und die Erweiterung der koordinativen Fähigkeiten helfen, Körperfehlhaltungen und Schmerzen aufzulösen. Ein aufgerichteter, sich in der Balance befindender Körper stimmt die verschiedenen Muskeltätigkeiten optimal aufeinander ab. Er ist gekennzeichnet durch ein sicheres Auftreten und eine offene freie Stimme. Schlechte Körperhaltung führt zu Verspannungen, die das Zusammenspiel der verschiedenen Muskelgruppen behindern. Die Atmung ist meist reduziert auf den Brustbereich, der Körperausdruck ist zögerlich, gehemmt und die Stimme leise, oft hoch und undeutlich. Als Idealbild für Erdung und Aufrichtung wird der balancierte Gang der Afrikanerin gesehen. Auf meiner Reise in Namibia stellte ich fest, dass die Himbafrauen, welche in alten Traditionen im Norden des Landes leben, in materieller Sicht zwar arm, aber mit Stolz erfüllt diese aufrechte Haltung innehaben. Viele afrikanische Frauen, die fernab ihrer Familie um ihre Existenz kämpfen, zeigen jedoch eine gebückte Haltung und ein schleppendes Gangbild. Dieses ist häufig bedingt durch Unterwürfigkeit, Abhängigkeit, den Verlust von Selbstbestimmung und z. T. auch der Selbstachtung. Aus meiner ärztlichen Erfahrung lassen sich Fehlhaltungen, Verspannungen und Schmerzen nicht auf eine rein orthopädische Ursache reduzieren. Vielmehr haben Menschen durch unser heutiges, wenig körperaktives Leben ihr Gefühl für den Körper verloren. Den zahlreichen Belastungen durch Beruf, Familie, gesellschaftlichen Normen sowie den persönlichen hohen Anforderungen ausgesetzt, spiegelt sich der enorme Druck in unserer Haltung wider. Diesem Druck mit körperlicher Anspannung entgegenzustehen oder ihn zu ertragen, führt über längere Dauer unweigerlich zu muskulären Verspannungen und Schmerzen. Erst durch die Bewusstwerdung der Auslöser, der Erlernung eines körperlichen Gefühles für An- und Entspannung in den Körperregionen und Muskelgruppen sind Menschen imstande, diesen entgegenzuwirken und Bewegungsfreiheit wiederzuerlangen. Eine psychologische Unterstützung zur Bewältigung von Konflikten beeinflusst über Veränderung der inneren Haltung immer auch die äußere (Körper–) Haltung. Ebenso wirken sich energetische Bewegungsübungen (Qi Gong, Tai Chi u. v. m) positiv auf die Stimmung und den Körper aus. Setzen Sie Ihre Prioritäten neu und schenken Sie sich und Ihrem Körper mehr Aufmerksamkeit und Achtung! Wenige Minuten am Tag reichen, um Kraft der Erde Standfestigkeit, Zentrierung und Balance zu finden. Entflammen Sie Ihr Lebensfeuer neu und bewahren Sie sich nachhaltig Ihre Lebensfreude!

Mag. Dr. med. Ines Berger-Uckermann, Ärztin für Allgemein-, Sport- und Bewegungsmedizin in Villach, Sportwissenschafterin

LAMPENFIEBER ODER EINE EXPEDITION INS UNBEKANNTE

Wie geht es Ihnen eigentlich, wenn Sie vor vielen Menschen stehen und sprechen müssen? Wie bereiten Sie sich vor? Ich hoffe, Sie tun dies nicht so, wie ich das anfangs beschrieben habe? Haben Sie Lampenfieber? Ein Auftritt oder eine Präsentation ist eine Expedition in eine unbekannte Zone, die schwer zu berechnen ist, sich außerhalb unserer Gewohnheitsmuster befindet und deshalb so furchteinflößend ist. Wieder ist die große Angst da, sich vor anderen Menschen zu blamieren, sich die Blöße zu geben, einer Situation nicht gewachsen zu sein. Haben Sie schon mal bewusst realisiert, welche körperlichen Veränderungen bei Ihnen stattfinden, wenn Sie vor Menschen sprechen oder auftreten müssen? Suchen Sie in der nachfolgenden Auswahl ihre persönlichen Nervositätsmuster? Wie ich Ihnen im Kapitel »Haltungsdelikatessen« (S. 90) erzähle, gibt es viele Alltagshaltungszutaten, die Ihnen und Ihrem Körper auf Dauer massiv schaden. Der Schaden ist ungefähr mit dem von ungesunden Nahrungsmitteln zu vergleichen. Ein dauernder Fehlgebrauch des Körpers führt zu einer chronischen Schädigung. Und wir merken es meist gar nicht. Erst wenn's wehtut. Es gibt jedoch noch eine Steigerung der Haltungsdelikatessen in Extremsituationen. Das ist das »Highlight«, die »Lampenfieberschmankerln«! Die sind dem gehobenen Degustationsmenü zuzuordnen.

Wo liegen die Nervositätspunkte in Ihrem Körper? Analysieren Sie!

LAMPENFIEBERSCHMANKERLN

Roter Kopf, Kurzatmigkeit, Hin- und Hertänzeln, Brett vor dem Kopf, Kopfwackeln, trockener Mund, Herzrasen, weiche Knie, Konzentrationsprobleme, abgehackter Sprechrhythmus, Stottern, heisere Stimme, Halskratzen

Um Ihre Ängste loszuwerden, besuchen Sie ein Rhetorik- oder Kommunikationstraining und Sie lernen dort, was Sie beim Reden vor Publikum alles nicht tun dürfen und was Sie vermeiden sollen. Sie üben das »Schönsprechen«, hören gut gemeinte Ratschläge und konzentrieren sich darauf, Ihre neu gelernten Fähigkeiten richtig umzusetzen. Und trotzdem fühlen Sie sich nicht wohl und noch hölzerner als vorher.

BÜHNENWEISHEITEN MIT NEBENWIRKUNGEN

Fixieren Sie eine Person im Raum, die Ihnen sympathisch ist. Das gibt Ihnen Sicherheit!

Schauen Sie über die Köpfe der Menschen hinweg.

Passen Sie auf, dass Sie Ihre Arme nicht zu viel bewegen.

Führen Sie Ihre Hände nicht unter die Gürtellinie.

Lächeln Sie ... undsoweiterundsofort!

Diese Ratschläge bewirken nichts anderes als Unsicherheit und Verspannung. Vergessen Sie alles! Die große Kunst des Redners ist es, authentisch zu sein, deutlich zu sprechen (nicht in der Bühnensprache) und sich wohlzufühlen. Das überträgt sich augenblicklich auf das Publikum, das sich entspannen und aufmerksam zurücklehnen kann.

WAS KANN ICH GEGEN LAMPENFIEBER TUN?

Abgesehen davon, dass Sie sich mit der Materie Ihrer Rede vertraut machen (es ist nicht ratsam, die ganze Rede aufzuschreiben, eher Stichworte), ist die körperliche Vorbereitung das Um und Auf.

Tipp:

Wenn Ängste aufkommen, praktizieren Sie das Lippenflattern, danach streifen Sie symbolisch Ihre Ängste ab und lassen sich mit Vertrauen in alle Richtungen fallen (siehe S. 148, das stärkt das Selbstvertrauen). Nun erden Sie sich, geben sich einen Impuls, indem Sie zwei- bis dreimal in den Boden stampfen und gehen mit Blick in Augenhöhe auf die Bühne. Vergessen Sie nicht, dass bereits der Gang auf die Bühne der Auftritt ist und schauen Sie ins Publikum. Sie können diesen Weg bereits

nutzen, um sich an die Ausnahmesituation zu gewöhnen. Wenn Sie Ihren Platz erreicht haben, bleiben Sie stehen und erden Sie sich noch einmal. Niemand wird es bemerken. Achten Sie darauf, dass Sie Ihr Kiefer lockern, und lassen Sie Ihren Blick durch den ganzen Raum schweifen, schaun Sie nach links und rechts, nach hinten, in die Mitte und nach vorne. Geben Sie den Zuschauern das Gefühl nur für sie da zu sein. Und nun beginnen Sie zu sprechen. Aus einer neutralen Grundhaltung raus, die ja inzwischen zu Ihrem täglichen Ritual gehört. Machen Sie Pausen und erden Sie sich immer zwischendurch. Allein, wenn Sie diese kleinen Anregungen beachten, wird sich Ihre Bühnenpräsenz um ein Vielfaches verbessern und das Publikum wird Sie lieben. Verbiegen Sie sich nicht, nehmen Sie eine lockere Haltung ein und die freie Rede wird Ihnen leicht fallen.

Viel Spaß beim Auftritt!

Übung:

Lippenflattern

Abstreifen

Fallen lassen (S. 150)

Erden (S. 78)

Ballast abstreifen

fallen lassen

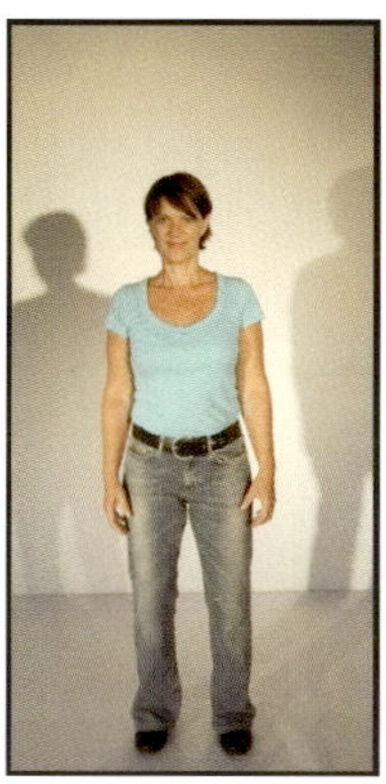

erden

Andrea Latritsch-Karlbauer konnte mir helfen, mehr Sicherheit im »Auftreten«, speziell auf der Bühne zu gewinnen. Es war – im wahrsten Sinne des Wortes – das »Auftreten«, mit dem unser Einzeltraining begonnen hat. Für mich als Sängerin war es ungewohnt, meine Füße plötzlich als so wichtigen Teil zu erleben! Und auch, was es alles bewirkt, »wie« und »wo« man auftritt – für mich ein Erlebnis. Sich bewusst zu erden, den ganzen Körper beobachten zu lernen und sich beobachten zu lassen – noch dazu mit Humor –, Rückmeldungen und Korrekturen zu bekommen – das war sehr hilfreich. Ich erfuhr, wie viele Möglichkeiten an Bewegungen es eigentlich gibt und wie eingeschränkt ich mich bewegte, in alten Mustern verharrte und dementsprechende Haltungen einnahm. Eine kleine Übung wie z. B. die »Fußschaukel« wirkte bei mir Wunder. Eine Beckenstellungs-Korrektur, die so natürlich erfolgte, dass es eine Freude war, brachte mich plötzlich in eine Position, die ich als äußerst angenehm empfand und die mich auch leichter und mit mehr Volumen atmen ließ. Ich glaubte bis dahin, ich sei ein sehr freier Mensch und viele meiner alten Wunden wären bereits verheilt. Doch bei diesen Übungen wurde ich eines Besseren belehrt. So schnell und vehement dieser alte Ballast sich gezeigt hatte (mir kamen auch die Tränen, wie peinlich ...), war er auch bei der nächsten passenden Übung wieder weg und Erleichterung machte sich breit. Ein altes, vielen bekanntes Leiden, einen »roten Kopf« zu bekommen, war mit ein paar Übungen wie weggeblasen und ich muss sagen – ich vermisse ihn nicht! Da ich, wie sehr viele Frauen, dazu erzogen wurde, für andere zu sorgen und da zu sein, war es ein Stück Arbeit, meinen Platz einnehmen zu lernen, »für mich« etwas zu tun und Klarheit zu gewinnen. Mein Selbstbild änderte sich in nur zwei Einzeltrainingsstunden ins Positive. Eigentlich geht es darum: Werde, wer du bist.

Ich arbeite nicht nur als Sängerin, sondern bin auch Ergotherapeutin und weiß viel über Körper, Geist und Seele, aber man lernt nie aus! In Andrea Latritsch-Karlbauer sehe ich eine Frau, die durch ihre eigene Suche nach Verbesserung und Klarheit im menschlichen Dasein eine Wahrnehmung entwickelt hat, die ich sehr schätze und als ein großes Geschenk betrachte.

Elisabeth Monder, Jazzsängerin, Ergotherapeutin

HÄUFIG GESTELLTE FRAGEN – FAQ

(Fragen der Journalistin Maja Schlatte an Andrea Latritsch-Karlbauer)

Wissen Menschen, wie sie anderen begegnen?

Nein, sonst würden sie sich nicht so begegnen.

Was wir als charakteristisch für jemandes Gang und Haltung empfinden – ist das alles anerzogen?

Das kann man nicht so allgemein sagen. Das Körperbild eines Menschen ist immer ein Resultat von Charakter, Erziehung und gelebten Erfahrungen. In unbeobachteten Augenblicken kann man sehr gut den Charakter eines Menschen sehen. Erziehungsregeln wie »steh aufrecht«, »halt den Mund«, »geh leise« (u. v. a.) lassen sich sehr wohl an der Körperhaltung der Menschen erkennen. Das sitzt sehr tief.

Heißt das, dass weniger der Charakter als vielmehr das aus Erfahrungen resultierte Verhalten zu sehen ist – sozusagen das Wort des Körpers zu Erfahrungen, Ängsten usw.?

Wenn man genau hinsieht, ist der Charakter immer zu sehen. Wenn die eigene Individualität permanent unterdrückt wird, so äußert sich das in enormen Fehlspannungen, d. h. zusammengepresste Lippen, verspanntes Kiefergelenk, eingesunkener Brustkorb, hängende Schultern etc.

Erfassen Sie Menschen mit Ihrem Blick, als würden sie eine Bühne betreten?

Nein, ich schau mir die Menschen als Menschen und nicht als Schauspieler an. Sie haben genug von den permanenten Bewertungssystemen, die die üblichen Körpersprachepäpste predigen. Das ist sehr oberflächlich und macht die Menschen umso verspannter, bringt sie unter weitere Zwänge.

Gibt es Unterschiede im Körperwörterbuch von Adam und Eva? (Mann und Frau)

Eine Pauschalierung bezüglich der Geschlechter zu treffen, ist nicht mein Stil, da ich ja die Bewertungen im Körpersprachesegment nicht sehr schätze. Von den Körperhaltungen gibt es jedoch einige signifikante Unterschiede zwischen Mann und Frau. Als Beispiel, ein unsicherer Mann atmet sich scheinbar in die Sicherheit. Das sieht man dann an einem dominanten, massiven Oberkörper, der so wirkt, als wäre die Luft steckengeblieben. Er macht sich scheinbar größer oder aufgeblasener. Oder ein übertrieben fester Händedruck ist »typisch männlich«, zeugt aber von großer Unsicherheit, wenn man das so sagen will. Ein Phänomen der Unsicherheit bei Frauen ist der schiefe Kopf und hochgezogene Schultern kommen häufig vor. Was sich jedoch bei beiden Geschlechtern durchzieht ist die mangelnde Bodenhaftung bei mangelndem Selbstvertrauen.

Haben sich die ersten Menschen anders verhalten?

Ich denke mal, dass es da große Unterschiede gibt, da die Menschen im Paradies bestimmt noch mehr Verbindung zu ihren eigenen Wurzeln gehabt haben. Die Verbindung zu sich, ihrem Körper und der Natur. Heute suchen die Menschen wieder nach ihren eigenen Wurzeln, was der Boom im spirituellen Bereich aufzeigt. Die Leute, die auch in meine Seminare kommen, wollen einmal bitte nicht bewertet werden und freuen sich darüber, dass sie so viel ungenütztes Potenzial in sich finden, auf das sie schlichtweg vergessen haben. Das zeigt uns, dass wir uns von unserer eigenen Persönlichkeit immer weiter weg entfernen. Und das macht uns müde und verspannt. Und dann machen wir uns wieder auf die Suche nach uns selbst und freuen uns, dass doch so viel da ist.

Durch welche Körperteile spricht die seelische Erfahrung?

Durch alle. Das ist individuell verschieden. Wir alle haben Körperbereiche, mit denen wir am meisten unbewusst nonverbal kommunizieren und meist sind es auch dieselben Bereiche, wo wir Erfahrungen sammeln und aufstauen. Natürlich ist im Gesicht sehr viel zu sehen. Doch dann, wenn man weiterschaut, kann man auch an der Körperhaltung viel erkennen. Viele Menschen sprechen mit ihrem Brustkorb, andere wieder mit den Schultern und viele mit dem kleinen Finger, ganz unbemerkt und zart.

Der Körper nimmt sozusagen eine Schutzhaltung ein, wie nach einer Verletzung oder einem Unfall oder einem Gebrechen. Das heißt, dieser Schutz ist im Sinne der gemachten Erfahrung auch hilfreich?

Ja, die Schutzhaltungen sind in gewissen Situationen bestimmt hilfreich, wenn es nicht anders geht. Das Problem ist nur, dass Menschen nicht mehr aus diesen Haltungen rausgehen und das macht sie letztendlich zum Opfer, da sie ihre Verletzlichkeit wie ein Schild vor sich hertragen. Und dann wird's gefährlich, da sie total ungeschützt sind. Schutzhaltungen nehmen einem die Sicherheit. Langfristig ist es auf alle Fälle besser, an einer stabilen (neutralen) Grundhaltung zu arbeiten, die einem die Möglichkeit gibt, im Sinne der eigenen Persönlichkeit zu reagieren. Und das macht einen letztendlich stark und man hat ein gutes Gefühl dabei.

Vergessen wir einfach, diesen Schutzschirm oder diese Krücke in die Ecke zu stellen?

Ja, wir haben's ja nicht anders gelernt, es hat ja in einem bestimmten Augenblick »funktioniert«.

Aber die Geschichte beginnt sich umzudrehen, wenn die Sache vorbei ist?

Wenn wir in unseren Schutzhaltungen bleiben, verändert sich alles, da wir irgendwann glauben, dass diese Körperhaltungen unsere eigenen sind und so entfernen wir uns immer mehr von uns selbst. Da hört man immer die Aussagen »Ich bin halt so...«, das ist mitunter eine bequeme Aussage, um nicht über sich nachzudenken, geschweige sich verändern zu müssen. Aber man darf nie vergessen, dass Körperhaltungen einen großen Einfluss auf unsere innere Haltung, auf unsere Psyche haben. Das heißt, eine angespannte Haltung wirkt sich dementsprechend auf unser Inneres aus. Wir werden unfrei, ohne dass wir es merken. Aber es funktioniert auch umgekehrt. Und das macht Hoffnung.

Erinnert sich unser Körper daran, wie es ohne »Krücke« war?

Ja, absolut, wenn man die richtigen Impulse setzt. Und da spreche ich wieder vom Bodenkontakt, der Erdung und der Aufrichtung. Mit diesen 3 Impulsen kann man sehr schön den Kontakt zu sich selber wiederherstellen. Und die Menschen spüren sich wieder mit Haut und Haar und beginnen zu strahlen.

Aus solchen »tradierten Haltungen« kann Schmerz werden – körperlicher. Was sind dazu die extremsten Beispiele aus Ihrer Seminarpraxis?

Es ist vollkommen klar, dass Schonhaltungen auf Dauer zu Schmerzen führen. Ein ganz einfaches Beispiel: Ich hatte eine Seminarteilnehmerin, die mir glaubhaft versicherte, dass sie ihren Schutzpanzer, den sie um den Brustkorb hatte, brauche und liebe. Den wolle sie nicht aufgeben, denn der Panzer gehöre zu ihr. Ich antwortete ihr, dass es ihre eigene Entscheidung wäre, die Haltung zu verändern. Auf alle Fälle ließ sie sich dann doch auf den Prozess der Spannungslösung über den Körper ein und plötzlich kamen ihr die Tränen. Sie stellte fest, dass sich mit der Aufgabe des Schutzpanzers, eine neue Option für sie ergeben hatte: der Humor. Sie realisierte, dass sie schon Jahre nicht mehr gelacht hatte und das machte sie im Moment sehr traurig, aber gleichzeitig hoffnungsvoll für die Zukunft. In diesem Falle hatte die Blockade zu einem enormen psychischen Stau geführt und das Leben dieser Frau war reichlich freudlos, da sie kaum lachte. Und sie hat es nicht einmal bemerkt. Wegen des Schutzpanzers, den sie als ihr Schicksal betrachtete. Jede Verspannung bedeutet einen Freiheitsverlust.

Wie gehen Sie vor, um die Erinnerung des Körpers zu wecken?

Ich arbeite mit den Teilnehmern sehr viel über das »Loslassen«. Das Prinzip ist, wenn zu viel Spannung da ist, geht man nicht in die Korrektur, sondern ins absolute Loslassen. Lockern aus den Schultern heraus, jegliche Muskeln entspannen mit Übungen wie »Das Erdbeben«, »Fallen lassen«, »Lippenflattern«, das sind Übungen, die das Vertrauen zum eigenen Körper wieder herstellen und somit ist man am besten Weg, in eine entspannte Haltung reinzukommen, die das Gehirn und den ganzen Menschen frei macht. Weiters arbeite ich sehr viel über das Lachen. Da kann eine Gruppe innerhalb von 10 Minuten ganz locker und frei werden. Der Körper erinnert sich wieder und dankt es dir mit Lockerheit und Flexibilität. Ich habe oft das Gefühl, dass die Menschen daran erinnert werden müssen, dass sie lachen dürfen. Leider wird in der Wirtschaft und im Berufsleben »Lachen« mit Unseriosität gleichgesetzt. Man glaubt, wenn Menschen bei der Arbeit lachen, wird zu wenig gearbeitet. Dass aber das Gegenteil der Fall ist, dass lachende Menschen viel produktiver und weniger krank sind, darüber denkt niemand nach. Bei der Arbeit sollte man ernsthaft und gestresst dreinschauen. Das vermittelt den Eindruck eines intensiven Arbeitseinsatzes. Das sind fleißige Mitarbeiter.

Ihr Mix für den Körper, damit er wieder schöne, beredte Wörter führt, beinhaltet vieles aus der Theaterarbeit?

Ja, ich komme ja von der Pantomime und dem Bewegungstheater und es gibt in diesem Bereich so viele Übungen, die die Menschen locker machen. Auch ist einiges aus den fernöstlichen Techniken dabei, nur in einem anderen Zusammenhang. Die AnLaKa-Methode ist ein Cocktail aus vorhandenen Übungen, die ich weiterentwickelt habe, gemixt mit jahrzehntelangen persönlichen Beobachtungen, Erfahrungen und dem Arbeiten mit vielen Menschen aller Altersgruppen. Ich war auch nicht immer locker und musste lange suchen, um meine eigene entspannte Haltung zu finden. Was die Methode ausmacht, ist das Zusammenfassen verschiedener Faktoren und Übungen im Sinne des ganzen Menschen.

Manche Menschen besuchen mehrmals Ihr Seminar. Warum?

Weil sie gerne lachen und bemerken, wie locker sie werden und wie sich ihre Ausstrahlung zum Positiven verändert. Sie fühlen sich wohler, vor allem werden sie nicht bewertet und können so loslassen. Und sie registrieren, dass sie im Leben keine Rolle spielen müssen, um akzeptiert zu werden. Authentizität zu erreichen ist nichts Krampfhaftes, über den Körper funktioniert das wunderbar und das gibt den Menschen ein großes Vertrauen und dann fühlen sie sich wohl. Sie bemerken auch, dass sie sich im täglichen Leben nicht mehr so anstrengen müssen, um akzeptiert zu werden. Es ist sozusagen eine energiesparende Methode.

Wenn Sie Ihre Reparaturarbeit über den Körper in einem Satz zusammenfassen müssten, würde er lauten?

Erdung, Aufrichtung, Humor und Vertrauen zu sich selbst.

»Spontaneität – Kreativität – Funktionalität«
eine wunderbare Symbiose

Unter diesem Motto stehen die Seminare, die ich gemeinsam mit Andrea Latritsch-Karlbauer in den letzten Jahren gehalten habe. Das besondere daran ist die Lebensfreude, der Spaß an der wiedergefundenen inneren und äußeren Bewegtheit, der von uns wie ein Funken auf die Seminarteilnehmerinnen übergesprungen ist. Andreas Kreativität, ihr pantomimisches Talent, ihr Humor und das Gefühl für Leichtigkeit, gepaart mit physiotherapeutischem Wissen erlaubt es den TeilnehmerInnen, sich wieder zu finden und zu spüren. Muskelpanzerungen verschwinden und fröhliche Menschen mit einem Gefühl für gute Erdung verlassen den Raum. Wir haben herausgefunden, dass es gerade die Füße sind, die sehr oft die gesamte Körperhaltung prägen.

Mag. Elisabeth Mayr, Physiotherapeutin, Tanztherapeutin
bewegungstherapie.at

ZEIGT HER EURE FÜSSE!

»Mit beiden Füßen im Leben stehen« – eine wunderbare Idee! Doch kann es sein, dass Sie heute mit dem linken Fuß aufgestanden sind? Wie gut zeigt uns dieser Satz, welche Wichtigkeit unsere Füße auf unsere Stimmung, unsere Haltung, unseren Selbstwert und unser »In-der-Welt-Stehen« ausüben.

Haben Sie sich schon gefragt, wie es sich auswirkt, wenn 100 Quadratzentimeter Standfläche in spitzen, hochkantigen Bleistiftabsätzen auf 15 Quadratzentimeter reduziert werden? Wie dabei ein Wunderwerk von 28 Knöchelchen zusammen mit einer Vielfalt von spiralig verschraubten Muskelzügen und Bandstrukturen und einer wunderbar ausgeklügelten Gewölbekonstruktion in ihrem feinabgestimmten Funktionsprinzip irritiert werden?

Warum glauben Frauen immer noch, dass es besonders sexy ist, in schmerzenden und zu engen Modeschuhen – vielleicht auch noch mit Plateauabsätzen – instabil herumzuwackeln? Selbst Frauen im Managerinnenkostüm wird dadurch der Stand genommen. Schmale, enge Röcke verstärken die innere und äußere Eingezwängtheit in unserer patriarchal gestimmten Welt. Denken Sie an die chinesische Kultur mit den eingebundenen Füßen. Mädchen wurden ungefähr im Alter von 4 Jahren die Füße schmerzhaft und eng eingebunden. Dabei war es nicht selten, dass die zarten Fußknöchelchen gebrochen wurden. Vor allem das Ausbinden und neuerliche Festzerren war für die jungen Mädchen und Frauen besonders unangenehm. Ziel war es, die Füße klein und zierlich zu halten, was als Schönheitsideal gewertet wurde. Mädchen aus gutem Haus mussten, um geheiratet zu werden, diese Prozedur über sich ergehen lassen. Was passierte noch dabei? Der Schritt wurde immer kleiner und trippelnder. Selbstbewusste, geerdete Frauen waren wohl nicht das Ziel dieser Maßnahme. Spätestens ab dem 30sten Lebensjahr wurden die Frauen immer inmobiler und Probleme der Knie, Hüften und Wirbelsäule folgten. Doch auch in unserer Kultur gehören Fußschmerzen im zweiten Lebensabschnitt für jede zweite Frau zum Alltagsleben und belasten die Lebensqualität enorm. Das Geschlechterverhältnis beträgt in meinem Physiotherapiezentrum 10:1. Neben der familiären Veranlagung zu Spreiz-, Hohl-, Platt- und Knickfuß, Hallux Valgus, genereller Bindegewebsschwäche und Übergewicht ist es der falsche Gebrauch der Füße, der die beschriebenen Fehlstellungen begünstigt. Dadurch ist die Aufrichtung und Haltung des Menschen empfindlich gestört. Wenn Sie selbst schon einmal ein Gipsbein hatten, dann kennen Sie auch das Gefühl, wie es ist, wenn die Erdung und somit der innere Halt verloren geht. Die Angst vor Hilflosigkeit und Abhängigkeit stellt sich ein.

Sind es nun die Füße, die uns formen oder ist es unser Wesen, das unsere Füße formt?

In meiner Praxis sehe ich viele Kinder, die linkisch von Anfang an über ihre eigenen, nach innen gedrehten Beine und Füße stolpern. Kinder, die unter Spannung stehen, deren Fußgewölbe sich gleich einer zu stark gespannten Feder verwringt, oder aber Kinder, die leise und schüchtern fast übersehen werden, mit geknickten Füßen, ohne jeglichen Halt und mit fehlendem Gewölbe.

Für mich sind es die Füße, die Geschichten über unser »So-Sein« in der Welt erzählen. Und diese Geschichte beginnt mit dem Versuch der Aufrichtung des Kindes gegen die Schwerkraft, also mit der Bewegungsentwicklung des Menschen. Sie ist vor allem dadurch geprägt, wie viel Halt, Stabilität und Sicherheit das kleine Wesen Mensch von Anfang an bekommt. Ob es in seinem Drang sich zu bewegen, die Welt zu erforschen, gefördert und unterstützt wird, oder ob es zu früh in gut gemeinte, aber schlechte Gehschulen, zu kleine oder zu große Schuhe gesteckt wird. Die kleine Welterkunderin braucht die Sicherheit und das Vertrauen der Eltern, um die ersten Schritte in die Welt zu setzen. Männliche Erziehungsstrategien und männliches Spielzeug, männliche Schuhe und Bekleidung unterstützen oft besser die Bewegungsentwicklung und Förderung des Kindes.

So sieht ein gesunder Fuß aus

Es zahlt sich immer aus, sich Zeit für die Füße, die uns durchs Leben tragen, zu nehmen.

Haben Sie sich schon einmal bewusst Ihren nassen Fußabdruck angesehen?

Wenn uns der Fuß keinen Halt mehr gibt, verlieren wir förmlich den »Boden unter den Füßen«. Denken Sie an einen Schimpansen. Wie geht er? Er verwendet seinen Fuß ähnlich wie wir unsere Hände verwenden. Die Auflage ist relativ plan. Die In-sich-Verschraubung des Fußes fehlt. Die Beine sind in einer leichten O-Beinstellung, die Hüfte ist gebeugt, der eingerollte Oberkörper verdreht sich kaum und er läuft mit Hilfe seiner langen Arme. Was ist der Unterschied zum menschlichen Gang? Durch die Aufrichtung auf zwei Beine hat sich unser Fuß anders geformt. Das Fersenbein ist länger, in sich gedreht, damit die Belastung mehr auf die Außenseite verlagert wird, der Mittelfuß beginnt eine spiralige Verschraubung, die von den keilförmigen Mittelfußknochen unterstützt wird, und somit bekommen wir einen guten stabilen Druck auf den Großzehenballen, das Längsgewölbe ist entstanden. Zum Kleinzehenballen hin haben wir eine gute Spannung in Form eines C-Bogens (Quergewölbe) entwickelt, der uns den kraftvollen Abdruck ermöglicht. Nehmen Sie ein Handtuch und rollen Sie es von beiden Seiten gegenläufig ein, als würden Sie es trockenwringen. Sie werden sehen, wie eine stabile Gewölbekonstruktion entsteht. Wenn die Verschraubung fester wird, so entsteht von oben betrachtet ein S-förmiger Bogen. Der große Zeh wird lang und dreht minimal nach innen, die Ferse ebenso. Diese perfekte dreidimensionale Konstruktion garantiert uns eine optimale Belastung. Sie gibt uns Standfestigkeit und ermöglicht eine gute Federung, die wir zum Gehen und Laufen dringend benötigen. Unsere Beinachsen werden gerade, das Becken und der Rumpf richten sich auf und die Gehbewegung wird durch eine weiterlaufende Drehbewegung im Rumpf, die im Armpendel sichtbar wird, vollendet. Dies ist der charakteristische Kreuzgang des Menschen.

Spürübung:

Stehen Sie gut auf beiden Füßen. Bringen Sie einmal die Fußbelastung auf die Außenkante und beobachten Sie dabei die Stellung Ihrer Kniescheiben. Hätten diese Augen, wo würden sie hinschauen? Schielen sie nach außen? Erkennen Sie die Schimpansenhaltung mit O-Beinstellung?

Bringen Sie jetzt die Belastung auf die Innenseite. Wo schauen ihre Kniescheiben jetzt hin? Schielen sie nach innen? Können Sie die X-Beinstellung, die ihre Standfestigkeit empfindlich verringert und das Hohlkreuz begünstigt, spüren?

Sie stehen wieder hüftbreit und die Füße zeigen nach vorne. Sie beginnen eine kleine Pendelbewegung nach vorne. Die Hauptbelastung wandert dabei von der Fersenaußenkante über ihre Fußaußenkante nach vorne. Wenn das Körpergewicht über dem Mittelfuß ist, beginnen Sie den Großzehenballen nach unten gegen den Boden zu verschrauben, ohne die Fersenaußenkante zu verlieren. Pendeln Sie wieder zurück zur Fersenaußenkante und fahren Sie so fort. Ihre Knie sind weich, der untere Rücken ist lang. Ihr Brustkorb ist weit geöffnet. Die Schultern sind locker und breit, der Nacken ist lang, Sie spüren einen Faden, der Sie nach oben zieht. Entspannen Sie sich wieder und beobachten Sie Ihren Stand.

Herstellen der optimalen Erdung

Außenkanten — Innenkanten — Vorderer Fußballen mit Zehen und Ferse immer im Wechsel

Fußmassage

Oft haben unsere Füße den richtigen Gebrauch verlernt. Um das sensomotorische Körpergedächtnis zu aktivieren, hilft es, sich eine gute dreidimensionale Fußmassage zu geben. Setzen Sie sich auf einen niederen Hocker. Überschlagen Sie Ihre Beine. Drehen Sie mit einer Hand die Ferse ihres überschlagenen Beines zu sich und verschrauben Sie mit der anderen Hand den Großzehenballen nach unten zum Boden. Denken Sie an das Handtuch, dass Sie gerade auswringen. Die Fußlängsachse bleibt dabei gerade. Am Ende ziehen Sie Ihre Großzehe in die Länge.

Nun widmen Sie sich Ihrem Vorfuß. Setzen Sie sich so hin, dass Sie die Ferse auf der Stuhlkante aufsetzen. Versuchen Sie, Ihren Vorfuß loszulassen. Formen Sie einen C-Bogen, indem Sie den Großzehenballen und Kleinzehenballen in Richtung Boden einrollen. Der Fuß soll dabei nicht zu breit werden.

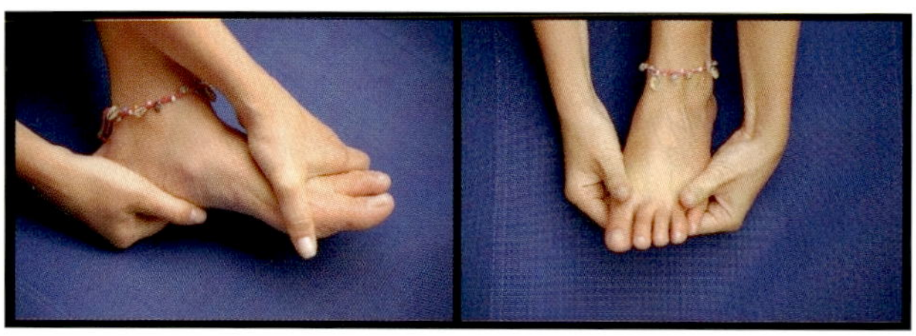

Tipp:

Nehmen Sie sich die Zeit, ...

das Stehen und Gehen wieder bewusst zu spüren,

das Abrollen des Fußes bewusst wahrzunehmen,

den Füßen wieder die Möglichkeit zu geben, über eine nasse Wiese zu laufen,

den warmen Sand zwischen den Zehen zu spüren,

gut passende flache Schuhe zu tragen,

sich abends mit einer Fußmassage zu belohnen.

und die Füße werden es Ihnen danken und Sie schmerzfrei durchs Leben tragen.

Literaturempfehlung: Christian Larsen, »Füße in guten Händen«, 2. Auflage 2006, Stuttgart, Thieme Verlag.

LOBBY-WATCHING ODER WIE OLIVER HARDY SEINE KARRIERE BEGANN

Ich habe mich vor vielen Jahren, als ich noch aktive Schauspielerin war, sehr intensiv mit Bewegungstheater und Stummfilmtechniken auseinandergesetzt und während dieser Zeit viele Biografien über Stummfilmkünstler gelesen, von Buster Keaton über Charly Chaplin bis hin zu Stan Laurel und Oliver Hardy.

Stan Laurel und Oliver Hardy, zwei Ausnahmekünstler, die auf den ersten Blick so harmlos daherkamen und gleichzeitig die Materie der Körpersprache und -haltung beherrschten, wie kaum sonst jemand. Sie zeigten mit grandioser Körperbeherrschung Gefühle, berührten uns Menschen, wie es großen Clowns eigen ist, indem sie uns einen Spiegel vorhielten, ohne zu moralisieren, mit dem Effekt, dass wir lachten und gar nicht bemerkten, dass wir die Hauptrollen in diesen grotesken Geschichten spielten. Und es kam so lustig daher, dass man es gar nicht ernst nehmen wollte. Das ist die große Kunst der Clownerie, den Menschen zu berühren, nicht mit oberflächlichem Humor, sondern mit dem Darstellen des Individuums mit all seinen liebenswerten Eigenschaften und Schwächen, und so in die Überhöhung zu gehen, bis es schmerzt, und dann immer noch nicht aufzuhören, bis es unerträglich wird. Und wenn man dann noch lachen kann und sich selbst wiederfindet, Mensch was willst Du mehr? Gibt es eine größere Kunst als die des Humors?

Oliver Hardy, geboren 1892 in Harlem, verlor sehr früh seinen Vater, und seine Mutter war gezwungen, 5 Kinder alleine großzuziehen. Sie zog mit ihren Kindern nach Milledgeville, Georgia, wo sie ein Hotel leitete.

Und hier begann Oliver Hardys Karriere. Er betrieb »Lobby-Watching« . (The life and times of Laurel & Hardy [15])

Was ist das? Aus Langeweile setzte er sich in die Hotellobby und beobachtete die Gäste mit ihren unterschiedlichen Charakteren und ihren menschlichen Dramen. Das faszinierte Oliver und er schlüpfte sogleich in die unterschiedlichsten Charakterrollen und imitierte die Gäste. Das war der Startschuss der Karriere des begnadeten Menschendarstellers Oliver Hardy, der bereits von Kindesbeinen an seine Geschichten aus der Beobachtung von Menschen entwickelte. Auch er leitete sehr viel von der Körperhaltung ab, was ihm später mit seinem Filmpartner unglaubliche Vorteile brachte und mitunter Basis für deren Erfolg war. Und diese Filme hatten Leichtigkeit und waren in gewisser Weise tragisch. Oliver Hardy, der seit seiner Kindheit an Übergewicht litt und wegen seiner massigen Erscheinung verspottet wurde, beschloss, trotz seines Körpergewichtes, die Leichtigkeit zu lernen. Und so vertiefte er sich in die Beschäftigung mit dem Körper, verlagerte sein Gewicht und wirkte als Darsteller trotz seiner korpulenten Erscheinung leicht, d. h. er verlegte den Schwerpunkt vom Boden weg in den Oberkörper (ob das gesund ist, wage ich zu bezweifeln). Und denken Sie an einen der Filme der beiden Künstler, Oliver Hardy bestach trotz seines Körpergewichtes durch Leichtigkeit und Charme.

Diese Geschichte fasziniert mich heute noch und ist ein wunderbares Beispiel für die unendlichen Möglichkeiten, mit vorgegebenen Situationen umzugehen, sie zu verändern und das Beste im Sinne von Authentizität, Humor und Selbstvertrauen aus uns rauszuholen. Und so beschloss ich, auch meine Beobachtungen zu veröffentlichen, denn auch ich betreibe – nicht Lobby-Watching sondern »Alltags-Watching«.

Tipp:

Haben Sie sich schon einmal bewusst selbst beobachtet, wie Sie sich bewegen?

Fühlen Sie sich, unabhängig von Ihrem Körpergewicht leicht oder schwer?

Wie ist Ihr Bodenkontakt? Rollen Sie Ihren Fuß von der Ferse bis zu den Zehen ab?

Wo liegen Ihre Schwerpunkte: in den Beinen, im Becken oder im Oberkörper?

Wie ist die Dynamik Ihres Ganges? Eher in die Seite, nach hinten, in die Höhe oder nach vorne?

Wohin geht Ihr Blick, wenn Sie unterwegs sind? Schauen Sie auf den Boden, geradeaus oder zur Decke?

Bewegen sich Ihre Arme aktiv mit während des Gehens oder baumeln sie wie zufällig neben Ihrem Körper?

Wie ist die Haltung Ihres Kopfes? Ist er gerade, schief, nach vorne gestreckt oder verschwindet er im Hals?

Beobachten Sie sich selbst, spüren Sie nach und nehmen Sie sich wahr und notieren Sie dies auf einem Zettel. Es gibt später noch Vergleichsmöglichkeiten und auch Übungen, wie Sie Ihre Haltung verbessern können. Die Selbstwahrnehmung ist immer die beste. Vergessen Sie die Videoanalysen und entwickeln Sie ein Gespür für sich selbst.

ALLTAGS-WATCHING

Da Stan Laurel und Oliver Hardy große Vorbilder von mir sind, war das Lesen ihrer Biografie für mich sehr amüsant und inspirierend und so beschloss ich, meine Alltagsbeobachtungen auszuweiten. Ich begab mich auf Beobachtungsposten und wollte wissen, welche Haltungstypen mir so im täglichen Leben begegnen ... Um der Wissenschaft gerecht zu werden, führte ich genau Buch, analysierte und benannte die Menschen nach ihren Haltungen. Sie sind die Ersten, denen ich meine Forschungsergebnisse vorlege. Mit der Bitte um Diskretion und – sollten Sie sich wiederfinden: Nehmen Sie es nicht tragisch, denn es ist nicht tragisch, es ist nur die Realität ...

DIE HITPARADE DER ALLTAGSHALTUNGEN

Typ 8

Typ 7

Typ 9

- Typ 1

Der einseitige Antaucher

- Typ 2

Der vorderfußlastige Watschelpendler

- Typ 3

Der schrägfüßige Vorwärtsschieber

- Typ 4

Der bequeme Rumpfträger

- Typ 5

Der Vorderfuß-Bremser

- Typ 6

Der Kopf-in-den-Hals oder »Ich bin nicht da« -Typ

- Typ 7

Der unterkörperträge Ärmeltaucher

- Typ 8

Der Hin- und Herwackler mit Kopf-nach-vor-Kippeffekt

- Typ 9

Der Schiefkopf-Entschuldigungstyp

- Typ 10

Die schwebende Tarnkappenträgerin

- Typ 11

Der Fersenbremser

- Typ 12

Der nachlässige Wackelgänger

- Typ 13

Der trainierte Einkaufswagenschieber

- Typ 14

Der Schispringer knapp vor dem Absprung

- Typ 15

Der bahnbrechende Kopftaucher

- Typ 16

Der vehemente Kicktreter

- Typ 17

Der achsenlose Wackelpudding

- Typ 18

Der schlängelnde Ganzkörperkontrolleur

- Typ 19

Der hochgeatmete Schulterstauer

- Typ 20

Der fußaktive Oberkörperbremser

Typ 10

Typ 12

Der Schispringer knapp vor dem Absprung

Füße auf Mittelfußballen, wenig Fersenhaftung, Oberkörper stark nach vor geneigt, beide Arme seitlich des Körpers angelegt, in der Bewegung beschleunigt ein Arm die Bewegung, der andere bleibt seitlich des Körpers. Kopf und Oberkörper in Beweglichkeit stark eingeschränkt. Minimale Mimik.

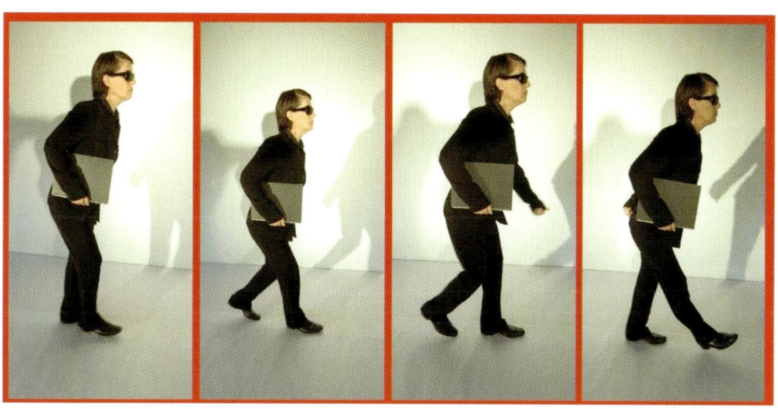

Der schrägfüßige Vorwärtsschieber

Füße nach außen gerichtet, Schwerpunkt im Stehen meist auf einem Bein, Oberkörper nach hinten, Kopf im Hals, seitlich geneigt, Gehdynamik ganzkörperschiebend nach vorne.

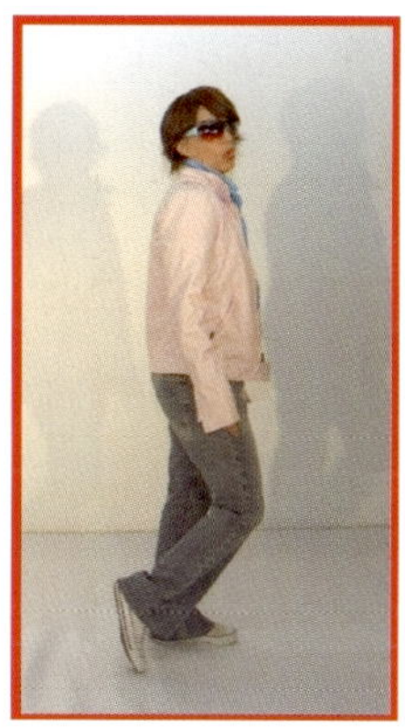

Der trainierte Einkaufswagen-schieber

Gangdynamik in die Seite, Brustkorbblock hochgeatmet, Arme kontrolliert gehalten seitlich oder vor dem Körper, Kopf im Stehen leicht zurückgezogen, beim Gehen nach vor.

**Der Kopf-in-den-Hals-
oder »Ich bin nicht da«-Typ**

Wenig Bodenkontakt, Gangdynamik hin- und herwackelnd, oberflächliche Atmung, Schultern hoch- und nach innen gezogen, Oberarme eng am Oberkörper gehalten, Kopf im Hals, Kiefer angespannt, Kopf bewegt sich gekoppelt mit Oberkörper.

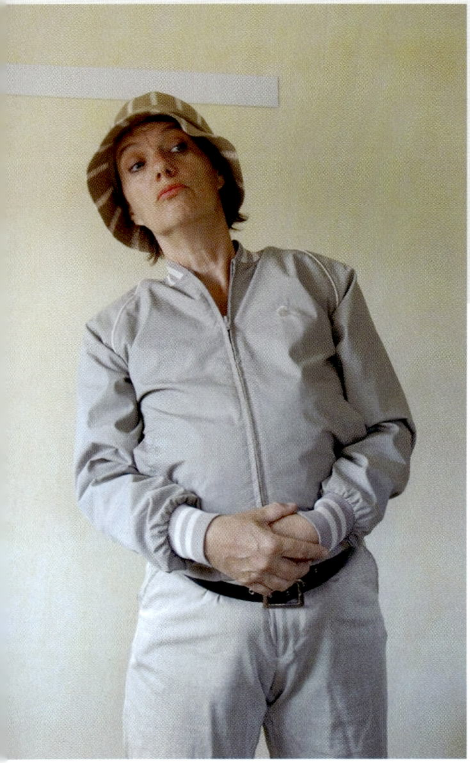

Der bequeme Rumpfträger

Schwerpunkt auf Ferse, Füße gehen im Stechschritt nach schräg außen, Oberkörper nach hinten geneigt, Kopf leicht schief, Arme immer im Rumpfbereich haltend oder verschränkt.

Der aufrechte Gang
Haltung wahren – wahre Haltung

Der aufrechte Gang, die Fähigkeit, ein Gedicht zu schreiben, ein Lied zu singen oder ein Bild zu malen, zeichnet uns Menschen aus. Dagegen gibt es aber auch die dunkle und bedrückende Gegenfolie menschlicher Möglichkeiten. Worte, Gedanken, die verletzen, verurteilen, Zwietracht säen. Das Messer, ein Kulturwerkzeug, mit dem wir zum Beispiel ein Stück Brot abschneiden, kann im hasserfüllten Streit, im Augenblick unkontrollierter Aggression zum Mordinstrument werden.
Haben wir die freie Wahl? Können wir die religiösen, ideologischen oder politischen Überzeugungen und Haltungen, die unser Verhalten maßgeblich beeinflussen, so lenken, dass dadurch unsere Welt menschlicher, friedlicher, aufrichtiger und wahrhaftiger wird?
Die Geschichte des Christentums ist eine sehr wechselhafte. Im Namen Jesu wurde nicht nur gehofft, geheilt, getröstet, ermutigt, Partei ergriffen für die Schwächsten, sondern in seinem Namen wurde auch verfolgt, verurteilt und hingerichtet. Trotzdem ist für mich das Evangelium von Jesus Christus der entscheidende Grundton einer Haltung, die es vermag, unser Verhalten dahin gehend zu verändern, dass dadurch ein Stück Himmel mitten unter uns erlebbar wird. Aus dem Grundton des Evangeliums können unterschiedliche Melodien und Haltungen entstehen, denen in all der Vielfalt eines gemeinsam ist: Es geht immer um die Würde des Menschen, und um die Kraft von Glaube, Liebe und Hoffnung. Es geht darum, dass jede und jeder von uns einmalig und wertvoll ist. Dort, wo es uns gelingt, in diesen Grundton einzustimmen, dort ist aufrechter Gang möglich. Wo der Geist Jesu lebendig ist, ist Versöhnung und schöpferischer Neuanfang möglich. Es geht nicht darum, Haltung zu wahren, sondern wahrhaftige Haltungen zu erkennen und zu leben.

Manfred Sauer, Superintendent

INTERVIEW MIT SIGI GRABNER

Snowboardweltmeister

Was hast Du dir erwartet, als Du das erste Mal zu Andrea ins Training gekommen bist?

SG: Ich wollte etwas Neues ausprobieren. Etwas, was ich bisher in meiner Gesamtvorbereitung für die Wettkämpfe bzw. für öffentliche Auftritte noch nicht gemacht habe.

Welche Auswirkung hat körperliche Leichtigkeit auf Deinen Sport?

SG: Bei mir haben sich die diversen Übungen sehr positiv auf mein Körpergefühl ausgewirkt. Ich konnte sehr schnell Verspannungen reduzieren oder gar lösen und mich einfach wohler fühlen, was mir im Alltag und im Sport zugutekommt.

Hat sich etwas verändert in Deiner Haltung?

SG: Ich fühle und sehe meine Haltung jetzt bewusster. Ich bin vielleicht auch jetzt noch manchmal in einer nicht idealen Haltung, aber ich spüre jetzt besser, dass ich mich verspanne und kann gleich etwas dagegen tun.

Was ist geblieben?

SG: Ich denke, dass meine Lockerheit, an Dinge heranzugehen, nicht nur geblieben ist, sondern ich noch leichter auf mein Ziel zugehe, als zuvor.

SEMINARE - NOTIZEN - WÜNSCHE

Mai 2008

Es ist immer dasselbe, sobald die Menschen die nötige Dosis Entspannung und Humor spüren, erinnern sie sich, wer sie wirklich sind und plötzlich brauchen sie die Verspannungen, die sie als normal empfinden, nicht mehr. Der Gang wird dynamisch, die Gesichter entspannt und freundlich und alle sehen um Jahre jünger aus. (AnLaKa)

Oktober 2008

In der Zwischenzeit hatte ich wieder einige Seminare, die letztendlich immer eines aufzeigen. Die Teilnehmer haben das Bedürfnis, sich und andere besser verstehen zu lernen, und vor allem eins zieht sich durch. Es gibt eine große Scheu, etwas von sich zu zeigen, durchschaut oder aufgemacht zu werden. Die Körperhaltung erzählt viel über den Menschen und seine Einstellung. Die Haltung ist ein Endprodukt des gelebten Lebens. Die Haltung ist ein Istzustand der Erziehung, der gelebten Erfahrungen und inneren Haltung. Und das ist letztendlich außen zu erkennen. Und das weiß jeder von uns unbewusst. Und doch wissen wir nicht, wie wir mit diesem kostbaren Reservoir umgehen sollen. (AnLaKa)

Menschen haben ein ganz bestimmtes Bild von Körpersprache – nämlich das der Bewertung. Diese Angst, aber auch Neugier bringen sie mit in die Seminare. Ab dem Moment, wo ich ihnen sage, dass wir mit der Selbstwahrnehmung arbeiten, damit sie sich besser kennenlernen und sie nicht bewertet werden, atmen viele aus und sie sind schon auf dem Weg in die Leichtigkeit.

WARUM KOMMEN MENSCHEN ZU MIR INS HALTUNGSSEMINAR?

Sie wollen ihre Haltung besser kennenlernen

Sie wollen Spannungen loswerden

Schwierige Situationen über den Körper lösen

Sie wollen lernen, Grenzen zu setzen und sie wollen ernst genommen werden

Selbstbewusstsein über die Aufrichtung entwickeln

Durchsetzungsvermögen lernen

Ja und Nein sagen

Entspannung – Stressabbau

WIE KOMMEN DIE LEUTE INS SEMINAR?

Die TeilnehmerInnen sind teilweise angespannt und verspannt. Die Körperhaltungen sind geschlossen. Füße übereinander, Arme schützend vor dem Körper, angespanntes Kiefer und insgesamt gestresst. Sie sind sich jedoch ihrer Körperhaltungen und Verspannungen teilweise nicht bewusst und haben wenig Bezug zu ihrem Körper. Sie empfinden ihre Fehlhaltungen als richtig. Wenn man sie nach typischen Gesten, Mimik oder Körperhaltungen befragt, wissen sie meistens nicht, was sie tun. Wenn ich gezielter nachfrage, realisieren sie erst, dass sich die nonverbale Kommunikation oft unbewusst überträgt. Unsicherheit äußert sich oft in verkrampftem Lachen.

STATEMENTS VON SEMINARTEILNEHMERINNEN

Seit ich AnLaKa getroffen habe und mich mit »Haltung« bewusst auseinandersetze, hat sich vieles in meinem Leben verändert. Und das mit einer Leichtigkeit und Freude, die ich gar nicht gewohnt bin. Wir wachsen mit dem Bild »Veränderung bedeutet Arbeit« auf. Arbeit wird immer mit dem Wort »Mühsal« interpretiert. Bei Andrea Latritsch-Karlbauer lernt man, dass Veränderung zwar mit Arbeit verbunden ist, aber wie nebenbei passiert! Ich gehe jetzt, dank Andreas Unterstützung, aufrecht und selbstbewusst durch meine Welt. Ich werde klar und authentisch wahrgenommen. Schwierige Konstellationen in der Kommunikation werden durch die körperliche Klarheit zu einem konstruktiven Miteinander. Meine Haltung gebe ich nicht mehr auf!

Brigitte Kampitsch

lustig – spannend – erkenntnisreich

Vom AnLaKa profitiere ich tagtäglich. Im Juni hatte eine Freundin die Einweihungsfeier ihrer Praxis und ich habe vor vielen, vielen Promis moderiert. Mit den neu gewonnenen Tipps habe ich nicht nur mein Lampenfieber in Zaum gehalten, sondern auch meine Freundin vor dem Kollaps (ausgelöst durch technische Anlaufschwierigkeiten mit dem Mikro) bewahrt.
Das Wissen und die persönlichen Erfahrungen aus den Seminaren mit Andrea Latritsch-Karlbauer kann man sofort in sein Leben integrieren und umsetzen. Positive Veränderungen werden für sich selbst spürbar und für andere sichtbar.

Birgit Kabas

STATEMENTS

Viele, viele Wochen nach dem »AnLaKa-Training« war ich Teilnehmerin an einem Assessment Workshop, wo die Soft Skills der TeilnehmerInnen mit Hilfe der Impro-Methode (der Begriff kommt aus dem Improvisations-Theater) ausgetestet wurden. Durch die im Training vermittelten einfachen Übungen (Lippenflattern bbbbbbbbb, Körper erden, Schulter schütteln, Zunge raus, Blick nach oben) konnte ich die Anfangsnervosität schnell ablegen und die Aufgabenstellungen frei und mit Spaß lösen. Danke!

Felicitas Wachschütz

Ich hab einen neuen Blick auf meine »Haltung« gewonnen und kann mit überraschend einfachen Mitteln erstaunliche Lockerheit erreichen. Und das Beste war: Wir und mein Team hatten unglaublichen Spaß dabei!

Hans Schönegger

Ich als sehr verkopfter Typ ging mit großer Skepsis, aber auch Neugier ins Training. Was dabei an Veränderung, Leichtigkeit und Lockerheit rauskam, war für mich positiv überraschend, um nicht zu sagen gewaltig.

Hans Clemens

Da ich, Iris, sehr gutmütig bin und große Probleme habe, mich abzugrenzen und »Nein« zu sagen, war dieses Seminar wunderbar für mich, da ich lernte, mit Leichtigkeit Persönlichkeit zu entwickeln. Ich lernte auch, Müll abzuladen und fühlte mich um 100 Kilo leichter.

Iris Pirker

Für mich ist Haltung - die innere und äußere - etwas Aktives. Man kann eine starre Haltung einnehmen, oder eher eine biegsame. Manchmal ist es von Vorteil, eine Eiche zu sein und dann wieder ein Schilf. Man kann seine Haltung verlieren und wenn man sucht, auch wiederfinden. Man kann an seiner Haltung festhalten, kann sie über Jahre hin bewahren oder für immer los sein ... Und wenn man will, kann man seine Haltung verändern. Richtungswechsel ist die Devise.

Karin Hafner

Jeder kennt dieses ungute Gefühl, das sich breitmacht, wenn man ein Seminar besucht, in dem es um Analysen der eigenen Körpersprache und Verhaltensweisen geht. Viele verunsichert die Tatsache, dabei gefilmt zu werden und dann als Objekt der Analyse der Gruppe vorgeführt zu werden.
Wie befreiend war es, dass sich Andrea Latritsch-Karlbauer ohne Kamera, stattdessen mit viel Humor, Spaß und unbeschreiblicher Leichtigkeit diesen Themen näherte und jeder Seminarteilnehmer über seine eigenen Schwächen lachen und gleichzeitig in kurzer Zeit merkliche Verbesserungen umsetzen konnte. »Einfach empfehlenswert!«

Helga Thun-Hohenstein

Wow! Ich konnte mit kleinen Bewegungen sehr viele alte Blockaden auf leichte spielerische Art loslassen. Die Schulterlockerung war für mich sehr hilfreich.

Susanne Wolozynski

Durch die jahrelange Beschäftigung und die Arbeit mit meinem Körper habe ich meine Krankheit (Gesichtslähmung durch Gehirntumor) viel besser verkraftet. So bin ich zu einem intensiveren Bewusstsein gekommen, das mich psychisch und körperlich aufrichtet und mir hilft, trotz meiner Beeinträchtigung mein Leben zu genießen.

Mein Motto ist: »Aufrecht bleiben und an sich selbst arbeiten«!

In diesem Sinne viel Spaß beim Lesen dieses Buches!

Sabine Dittl, Schauspielerin, langjährige Bühnen- und Workshopkollegin der Autorin

UNTERBRECHEN SIE DIE ROUTINE UND LASSEN SIE SICH INS LEBEN FALLEN

Sie haben nun das Buch fast zu Ende gelesen, haben viel über Haltung, Anspannung, Entspannung, Gewohnheit, Leichtigkeit, Erdung und Aufrichtung erfahren. Wie Sie sehen, sind wir Menschen bestrebt, unser Leben in Gewohnheiten einzurichten, bequem zu werden, um so einer chronischen Unbeweglichkeit Vorschub zu leisten. Ich denke, Sie werden viele Impulse finden, und als solche sind sie auch zu verstehen, um Ihre Routine zu unterbrechen und eingespielte »Verhaltungsmuster« zu lösen und zu ändern.

Halten Sie inne, machen Sie Pausen und erden Sie sich!

Wir müssen uns ehrlich sein, unsere Haltung ist die Summe all unserer Erfahrungen, Erinnerungen und Denkmuster. Das heißt aber nicht, dass wir sie nicht ändern können. Und wie ich schon sagte, können Sie Ihre Denkmuster über den Körper ändern. Das geht weitaus leichter und schneller als Sie es gewohnt sind. Warum also nicht nützen?

Deshalb sehen Sie meine Anregungen nicht als »Übungsprogramm«, sondern als Ratgeber für den Alltag. All diese Übungen sind locker in Ihr Leben zu integrieren und erfordern keinen zeitlichen Aufwand. Je öfter Sie sich lockern, die Erdung oder andere Übungen praktizieren, desto schneller wird sich Ihr Körper erinnern und umso schneller wird sich dieser freie und entspannte Zustand auf Ihr Inneres übertragen. Ich kann mir vorstellen, dass Sie sich in Zukunft bewusster selbst und auch andere Menschen betrachten werden, und ich meine, dass Sie das hoffentlich nicht mit dem Zeigefinger tun werden, sondern mit einem liebevollen Blick auf sich und andere. In der Haltung gibt es keine Bewertungen wie »richtig« und »falsch«, sondern nur angespannt oder entspannt, aufgerichtet oder geknickt, geerdet oder schwebend ... Welche Variante Sie wählen und wie Sie durch die Welt gehen wollen, ist Ihre Sache, aber vergessen Sie eines nicht. Ihr Körper ist Ihre Wohnung, die Sie sich einrichten können, wie Sie wollen. Das ist Ihre Ressource! Und das ist Ihre

Chance, aufrecht, energiegeladen und lachend durchs Leben zu gehen.

Zum Abschluss gebe ich Ihnen noch eine Übung mit, die sie wahrscheinlich an Ihre Kindheit erinnert und sehr viel mit Selbstvertrauen zu tun hat. Lassen Sie sich ins Leben fallen! Sie haben einen Körper und eine Psyche, die zusammenspielen und Sie auffangen werden.

Nutzen Sie diese Chance!

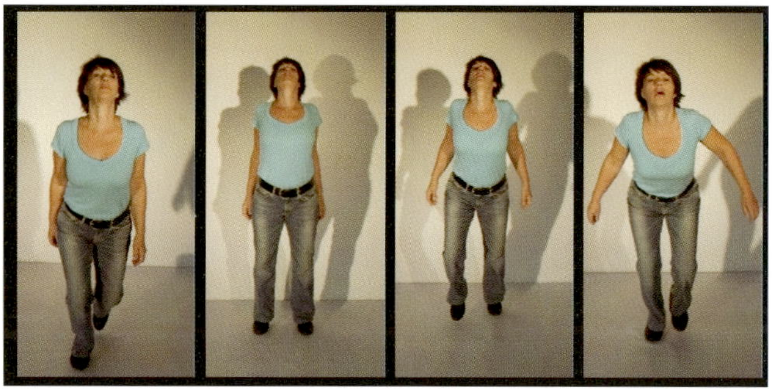

Übung:

Sich fallen lassen:

Stehen Sie mit den Füßen in Hüftbreite und fixieren Sie mit Ihren Augen ein Ziel in der Ferne. Stabilisieren Sie Ihren Kopf und nun lassen Sie sich mit dem ganzen Körper auf dieses Ziel zufallen und lassen Sie den Körper reagieren. Danach fallen Sie in alle Richtungen und folgen mit dem Körper. Begleiten Sie jedes Fallen mit einem Seufzer. Machen Sie das 2–3 Minuten und danach erden Sie sich. Diese Übung ist die Königsdisziplin zur Wiedererlangung des Selbstvertrauens und sie ist wunderbar leicht. Integrieren Sie sie in Spaziergänge, wo Sie sich kurz fallen lassen und dann wieder erden. Der Körper erinnert sich an seine natürliche Bewegung und reagiert richtig! Probieren Sie es aus und genießen Sie die positive Wirkung! Und machen Sie es ohne Krampf!

Danke für Ihre Aufmerksamkeit und genießen Sie Ihre wiedergewonnene Leichtigkeit! Denn wie Sie bestimmt erkannt haben:

»**Aus dem Nichtwissen heraus nimmst Du Haltungen ein. Aus dem Wissen? Haltung ... fertig los !**«

Andrea Latritsch-Karlbauer - Biografie
lebt in Landskron / Kärnten

Performerin, Regisseurin, Kulturmanagerin
& Trainerin für Körpersprache (AnLaKa-Methode)

Ausbildung:
Pantomime, Clownstheater, Improvisationstheater, Stimmbildung und Sprechtechnik am Konservatorium Klagenfurt, Stimmexperimentaltechnik, Saxofon, Universitätslehrgang für Kultur & Organisation Wien, zahlreiche Theatertourneen im In- und Ausland.

Seminare:
Workshops in der Wirtschaft, im Sport-, Sozial- und Schulbereich, Suchtprävention, Auftritts-, Sänger- und Chortrainings seit 1990

Mein bisheriges künstlerisches Leben:

Gründung und Leitung des Theaters Nanu, Kinder- und Jugendtheater gemeinsam mit Sabine Dittl, 1987 – 2003

Internationale Gastspiele in Großbritannien, Italien, Deutschland, Bosnien, Kroatien, Slowakei.

Inszenierungen im öffentlichen Raum:

Inszenierung der Parasitenausstellung und Lange Nacht der Parasiten

»Alterslos« – eine multimediale Performance im Reisebus (2005)

»Alte Liebe rostet nicht« – Inszenierung und Entwicklung einer Performance mit Menschen zwischen 9 und 96 Jahren in Obervellach (2005)

Leitung eines Theaterprojektes an der »Scuola Austriaco Guatemalteco« in Guatemala City – 2005

»In & Auswändig« – Inszenierung und Entwicklung einer multimedialen Theaterperformance mit psychisch kranken Menschen in Kooperation mit promente Kärnten – 2005

»Am Abstellgleis« – oder den Zug ins Rollen bringen – Kooperation mit KlientInnen der Arge Sozial Villach, Randgruppenproblematik am Hauptbahnhof Villach – 2006

»100 Jahre Postbus« – Inszenierung einer Zeitreise durch 100 Jahre Postbus in der Postgarage in Klagenfurt – 2007

»Sehnsucht ahoi« – eine Theaterperformance auf dem Motorschiff »Kärnten«, Millstätter See – 2008

2009/10 – Gründung des Vereins H.U.P.E , Projekt: »Humor in mageren Zeiten«

Aktuelles unter http://latritschkarlbauer.wordpress.com

E-Mail: latritsch-karlbauer@aon.at

Vielen Dank all jenen, die dieses Buch ermöglicht haben:

Althera
Leben bedeutet Veränderung - sich verändern bedeutet leben

Gesundheitsreferent Dr. Peter KAISER

bfi
Berufsförderungsinstitut Kärnten

villach :stadt

Althera

Leben bedeutet Veränderung - sich verändern bedeutet leben

Die Villa Althera in Krumpendorf am Wörthersee ist eine ganz besondere komplementärmedizinische Kontaktadresse für viele bewegende Themen des Lebens.

Wenn Körper, Seele und Geist – die Basis jeden Lebens – in Disharmonie geraten, werden sie nicht losgelöst voneinander betrachtet, sondern als Einheit wieder in Harmonie gebracht.

»**Alles zu bezweifeln, oder Alles zu glauben,**
das sind zwei gleichermaßen bequeme Lösungen,
denn beide entheben sie uns des Nachdenkens ...«

Henri Poincaré, La science et l´hypothèse

Die Villa Althera ist auch Kontaktadresse
der Autorin Andrea Latritsch-Karlbauer.
Anfragen richten Sie bitte an: info@althera.at

Quellenverzeichnis

1 Giovannino Oliviere Guareschi (1908 – 1968), aus de.wikiquote.org/wiki/Giovannino_Guareschi

2 Körperdynamik, Eine Einführung in die Alexander Technik, Michael Gelb, dt. Erstausgabe, 4. Auflage,Frankfurt / M; Berlin, Ullstein 1991

3 Embodiment, Die Wechselwirkung von Körper und Psyche verstehen und nutzen, Maja Storch, Benita Cantieni, Gerald Hüther, Wolfgang Tschacher, S. 40 ff., 1. Auflage 2006 by Hans Huber, Hogrefe AG, Bern

4 Ernst Jandl, 1925 – 2000, http://www.lyrikschadchen.de/html/body_zuhause.html

5 Das kleine Lachyogabuch, Christoph Emmelmann, Originalausgabe 2007, Deutscher Taschenbuch Verlag GmbH & Co. KG, München, Auswirkungen einer Humorkultur im Unternehmen , Paul Mc Ghee, Lachforscher, S. 50

6 Der aufrechte Mensch, Übungen für eine gelöste Körperhaltung und einen natürlichen Gang, Robert Schleip, Kreuzlingen; München; Hugendubel, 2000 (Irisiana), S. 63

7 Joachim Ringelnatz (1883 – 1934), Zitat, http://www.zitate-online.de/sprueche/kuenstler-literaten/16983/humor-ist-der-knopf-der-verhindert-dass.html

8 Das kleine Lachyogabuch, Christoph Emmelmann, Originalausgabe 2007, Deutscher Taschenbuch Verlag GmbH & Co. KG, München, S. 48 ff.

9 Atme richtig, werde frei, Milla Cavin, Olten; Freiburg i. Br., O. Walter, 1953.

10 http://de.wikipedia.org/wiki/Authentizität

11 Wohltemperiertes Klavier, Ludwig van Beethoven (1770 – 1827), de.wikipedia.org/wiki/wohltemperiertes_Klavier, Zitate

12 Erfolgsfaktor Kreativität, Karl-Heinz Brodbeck, Wissenschaftliche Buchgesellschaft (Gebundene Ausgabe 1996)

13 Vom Staunen oder Die Rückkehr der Neugier, Ekkehard Martens, Reclam Verlag Leipzig, 2003, Reclam Bibliothek Leipzig, Band 20057, 1. Auflage 2003, S 100, 102, 103

14 Vom Staunen oder Die Rückkehr der Neugier, Ekkehard Martens, Reclam Verlag Leipzig, 2003, Reclam Bibliothek Leipzig, Band 20057, 1. Auflage 2003, S 130

15 The life and times of Laurel & Hardy, Amy Dempsey, Parr Book Service Ltd in 1996, S. 8, 9

Danke an alle, die mich in meiner Arbeit inspirieren, begleiten, aufmuntern, an mich glauben, mich unterstützen, mich zum Lachen und manchmal zur Verzweiflung bringen: thank you, muchas gracias, merci, grazie, obrigado, tak, kiitos, hvala, dankeschee ...